AF503908

4º G
LA2

ENCYCLOPÉDIE DES ÉCOLES

ATLAS SCOLAIRE

COURS COMPLET DE GÉOGRAPHIE

RÉDIGÉ CONFORMÉMENT AUX PROGRAMMES OFFICIELS DU 27 JUILLET

(Cours moyen)

ET RÉPONDANT AUX EXIGENCES DU CERTIFICAT D'ÉTUDES PRIMAIRES

Ouvrage inscrit sur la liste des livres fournis gratuitement par la Ville de Paris à ses Écoles

Par E. LEVASSEUR

MEMBRE DE L'INSTITUT

NOUVELLE ÉDITION ENTIÈREMENT REFONDUE

PORT DE LA GOULETTE (TUNISIE)

LIBRAIRIE CHARLES DELAGRAVE

15, RUE SOUFFLOT, 15

1887

Tous droits réservés

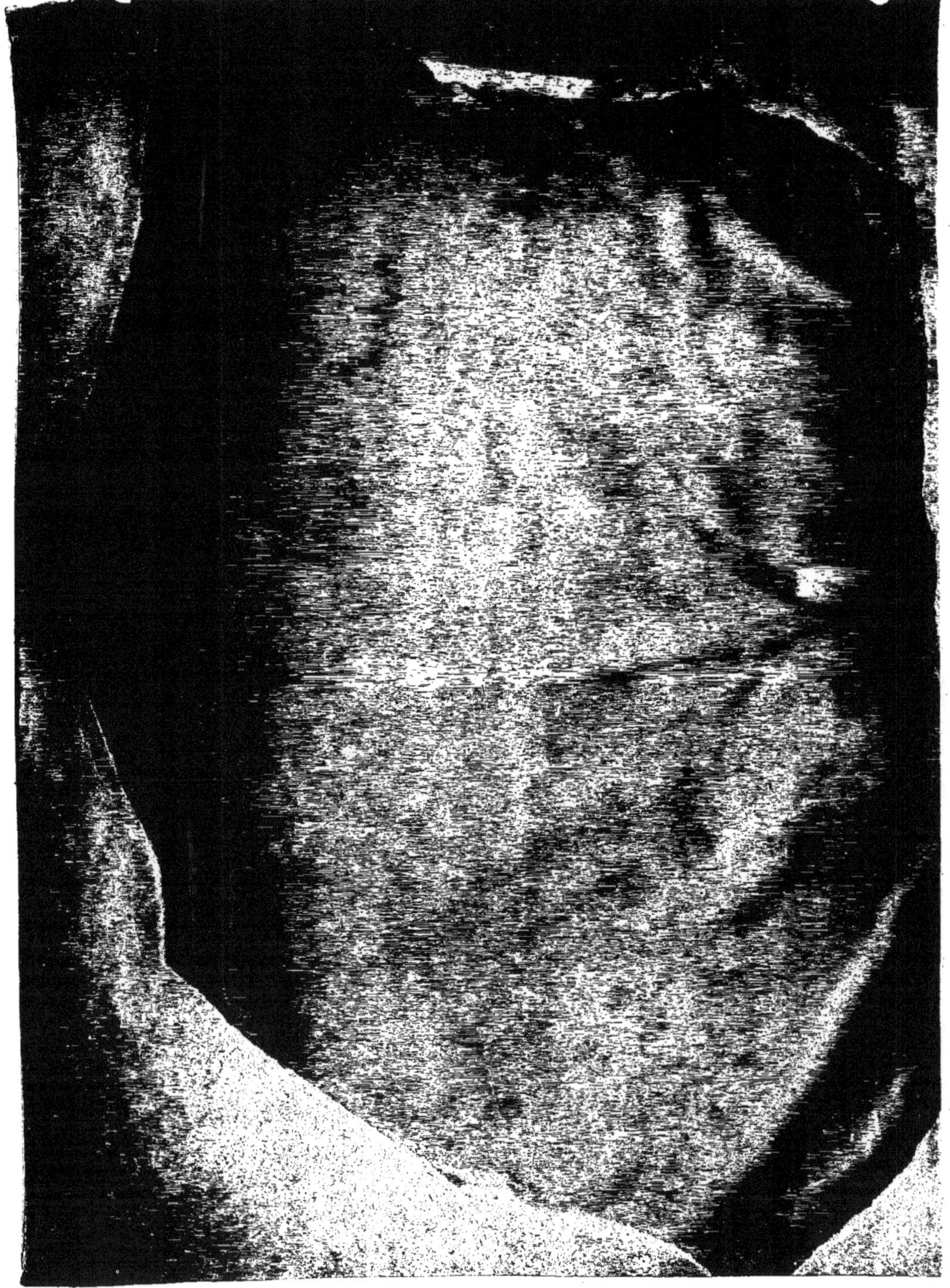

LECTURE DE LA CARTE D'ÉTAT-MAJOR

Les Français doivent savoir lire assez couramment la carte d'état-major de leur pays pour s'en servir sur le terrain et reconnaître leur route. Nous donnons ici les indications nécessaires ; mais il faut aussi prendre, répétée sur le terrain même, véritablement l'habitude de ce genre...

PRINCIPAUX SIGNES DE LA CARTE D'ÉTAT-MAJOR AU 80.000?

Exercice de lecture. — *Orientation.* Le nord est au haut de la feuille, le sud au bas, l'est à droite, l'ouest à gauche. Donc Bligny-sous-Beaune est au sud de Beaune ; le mont Battois est au nord-ouest de Beaune.

La ligne qui traverse la carte à l'est est un méridien dont la longitude est indiquée dans le cadre.

Si l'on était dans la campagne de Beaune, et si l'on voulait orienter sa carte afin de trouver son chemin ou de connaître la direction dans laquelle se trouve telle localité, il faudrait placer la boussole, sur la carte en faisant coïncider la ligne nord-sud de l'instrument avec le méridien de la carte, mettre en liberté l'aiguille aimantée, puis faire tourner doucement, à plat, carte et boussole jusqu'à ce que la pointe bleue de l'aiguille se trouve sous la flèche : c'est alors que la carte est orientée.

Si l'on est à Beaune, le visage tourné vers le nord, on peut dire : Savigny est droit devant moi ; Pommard, derrière moi, à gauche, Aloxe, devant moi.

Échelle. — L'échelle de la carte d'état-major étant le 80,000e, 1 millimètre y représente 80 mètres. Or, de l'église de Beaune à l'église de Pommard, la distance en ligne droite étant de 4 centimètres 1/2, la distance réelle est de 3 kilomètres 600 mètres.

Géographie physique. — L'Avant-Dheune est un ruisseau qui coule en serpentant d'abord dans la montagne, puis dans la plaine, passe à Pommard et à Bligny-sous-Beaune. Le trait noir des ruisseaux ne se distingue pas toujours nettement au premier abord d'un chemin d'exploitation ; avec un peu d'attention, on s'aperçoit que la ligne du ruisseau a des sinuosités qui ne conviennent pas à un chemin.

Les hachures serrées qui sont à l'ouest de Beaune, de Savigny à Volnay, indiquent une pente rapide : c'est la côte de Beaune. Sur la route, les nombres gravés en caractères penchés 231, 238, 230, 226, 235, 229, sont des cotes d'altitude ; elles indiquent l'élévation de ces points au-dessus du niveau de la mer. A l'ouest des fortes hachures, les côtes 367, 402, 384, 401 indiquent l'altitude de la crête. Il faut monter de 150 à 170 mètres environ pour atteindre le sommet ; la distance étant d'environ 3 centim. sur la carte, c'est sur un espace de 2 kilom. 1/2 que se fait la montée.

Au nord-ouest de Beaune, le triangle placé près de la côte 358 et accompagné des mots Beaune signal, signifie que ce lieu a été un des points de la triangulation de la France.

Géographie politique et économique. — Il y a, à l'est de Beaune, un chemin de fer, qui traverse en diagonale une partie de la carte ; la station de Beaune est dans le faubourg St-Jean ; à l'ouest du chemin de fer, est une route nationale qui bifurque à la côte 235 ; une route départementale, en partie bordée d'arbres, coupe en... précédente ; les autres voies sont des chemins d'exploitation.

Beaune est une sous-préfecture ; il y a deux églises. Savigny est une commune importante, Pommard une commune, Curtil un hameau.

Itinéraire de Bligny à Savigny. — Partir de l'église (point trigonométrique), suivre la route jusqu'à l'Avant-Dheune et, au moulin, suivre dans la direction du nord le chemin de grande communication qui monte de 11 mètres (côtes 215 et 226) au milieu des vignes jusqu'au chemin de fer, traverser le chemin de fer à niveau, au continuer en traversant la plaine, et les vignes jusqu'au faubourg Bretonnière, prendre la route nationale, suivre la grande rue de Beaune en passant devant l'église (point trigon.), aller jusqu'à l'église du faubourg St-Nicolas (point trigon.), quitter la grande ville, prendre la rue à gauche, et, presque aussitôt après, le chemin vicinal de droite montant en pente douce (20 mètres environ) vers le nord, traverser une ancienne voie et descendre un peu jusqu'aux prairies qu'arrose le ruisseau de Savigny, prendre le chemin à gauche avant de traverser le ruisseau, remonter, entre le ruisseau et une côte rapide, passer près d'un moulin et atteindre le château de Savigny.

ENCYCLOPÉDIE DES ÉCOLES

ATLAS SCOLAIRE

COURS COMPLET DE GÉOGRAPHIE

RÉDIGÉ CONFORMÉMENT AUX PROGRAMMES OFFICIELS DU 27 JUILLET 1882

(Cours moyen)

RÉPONDANT AUX EXIGENCES DU CERTIFICAT D'ÉTUDES PRIMAIRES

Ouvrage inscrit sur la liste des livres fournis gratuitement par la Ville de Paris à ses Écoles.

Par E. LEVASSEUR

MEMBRE DE L'INSTITUT

NOUVELLE ÉDITION ENTIÈREMENT REFONDUE

PORT DE LA GOULETTE (TUNISIE)

LIBRAIRIE CHARLES DELAGRAVE

15, RUE SOUFFLOT, 15

1887

LE PLAN ET LA CARTE

On appelle **Plan** un dessin exécuté, sur une surface plane et donnant la représentation exacte d'un objet, d'un terrain, d'une maison dans ses dimensions horizontales.

On appelle **Vue perspective** un dessin représentant un objet, un paysage, une maison tels qu'ils apparaissent à l'œil.

Un dessin en perspective donne, en général, une idée très complète de l'objet, mais vu d'un seul côté, et il ne permet pas d'en *mesurer* les dimensions. Un plan, au contraire, permet de retrouver avec exactitude la position relative de tous les détails.

Pour dessiner un plan, on mesure toutes les dimensions en longueur et en largeur et on les reporte sur le dessin dans une proportion convenue : $\frac{1}{4}$, $\frac{1}{10}$, $\frac{1}{100}$, etc., de la grandeur naturelle.

On dit alors qu'on a un plan ou plan géométrique, à l'échelle du *quart*, du *dixième*, du *centième*, etc.

On appelle **échelle** le rapport entre les dimensions du plan et les dimensions réelles de l'objet ou du terrain représenté.

Le dessin ci-dessous (fig. 1) représente une vue perspective d'une classe.

A gauche, est l'estrade du maître ; en

Fig. 1. — Vue d'une classe.

face, trois bancs sur lesquels sont les élèves, mais on ne peut savoir où sont les fenêtres et la porte.

Sur le plan, au contraire (fig. 2), on se rend moins facilement compte de l'aspect de la classe, mais on reconnaît l'emplacement des bancs, des fenêtres, de la porte et leurs dimensions en largeur et en longueur.

Si l'on voulait avoir, en outre, les dimensions en hauteur, il faudrait faire un dessin où les objets, au lieu d'être représentés en

projection, sur un plan horizontal, seraient représentés par les mêmes procédés, en

Fig. 2. — Plan de la classe à l'échelle du 200ᵉ (5 centimètres pour 10 mètres).

projection sur un plan vertical, c'est-à-dire, par exemple, sur le mur.

Une vue perspective est plus pittoresque, plus intéressante et souvent plus facile à comprendre qu'un plan ; mais le plan donne des renseignements plus exacts, c'est

Fig. 3. — Plan de la maison d'école à l'échelle du 666ᵉ (1 centimètre 1/2 pour 10 mètres).

pourquoi on fait les plans des maisons et des propriétés.

De même qu'on a fait le plan de l classe, on peut faire le plan de la maison

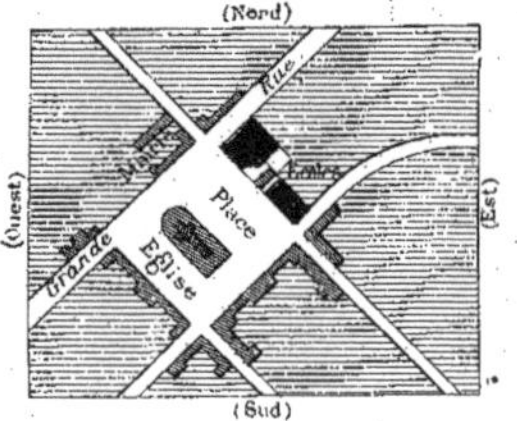

Fig. 4. — Plan des environs de l'école à l'échelle du 10000ᵉ (1 millimètre pour 10 mètres).

d'école et de ses alentours (fig. 3) ; et le plan du village (fig. 4).

Les échelles adoptées doivent être d'au-

tant plus petites que le terrain à représenter est plus grand.

Dans chaque commune se trouve un registre, appelé *registre du cadastre*, qui contient les plans détaillés des propriétés rurales de manière à fixer les droits des propriétaires de chaque parcelle, lors des ventes, des héritages, ou lorsque l'État, le département ou la commune veulent ouvrir une route, un canal, ou un chemin de fer. C'est également d'après ces plans que sont répartis les impôts.

Une **Carte** n'est autre chose que le plan, à échelle très réduite, d'une grande étendue de terrain (fig. 5).

On appelle **carte topographique** les cartes dont l'échelle est assez grande pour donner les détails des lieux habités.

Les cartes, dont l'échelle ne permet que la représentation des accidents principaux

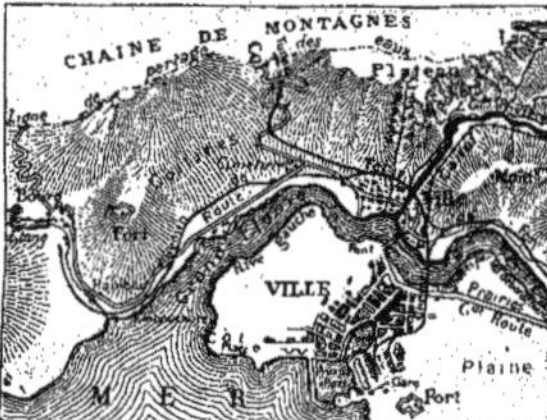

Fig. 5. — Vue de la ville et de ses environs (Carte à l'échelle du 40000ᵉ).

d'un pays, rivières et montagnes, sont des **cartes géographiques**.

Pour pouvoir représenter tous les détails du terrain sur un plan topographique, on se sert de couleurs et de *signes conventionnels*.

Ainsi, par exemple, on indique généralement les eaux en bleu, les maisons en rouge, les bois en vert-jaunâtre, les terres labourables en blanc ou en jaune très pâle, les prés en vert-bleuâtre, les arbres par des points, les mouvements du terrain soit par des lignes *courbes* qui indiquent les points de même niveau, et que l'on appelle pour cette raison : *courbes de nivellement ;* soit par des traits ou *hachures* qui indiquent la direction des pentes et sont d'autant plus foncées que les pentes sont plus rapides.

Le nord est toujours supposé vers le haut du dessin, à moins qu'il ne soit indiqué par une flèche.

1. La **Terre est ronde**.

2. Elle tourne sur elle-même dans l'espace de 24 heures et tourne autour du soleil dans l'espace d'une année (365 jours 1/4).

La rotation de la Terre sur elle-même produit la succession des jours et des nuits.

Le mouvement de translation autour du soleil produit la succession des saisons.

On se fait une idée de ce double mouvement de la Terre lorsqu'on regarde une toupie qui tourne sur elle-même et qui, en même temps, décrit de grands cercles sur le sol.

L'axe de la toupie est la ligne idéale qui va de la tête au fer et autour de laquelle tourne la toupie.

3. On appelle **orbite** de la Terre le cercle que la Terre décrit autour du soleil (fig. 2).

4. On appelle **axe de la Terre** ou *ligne des pôles* la ligne idéale autour de laquelle tourne la Terre.

5. On appelle **pôles de la Terre** les deux extrémités de l'axe de la Terre. La Terre est légèrement aplatie vers les pôles.

On distingue le *pôle nord*, arctique ou boréal et le *pôle sud*, antarctique ou austral.

6. On appelle **équateur** un grand cercle imaginaire qui partage la sphère terrestre en deux parties *égales*, perpendiculairement à la ligne des pôles.

On a ainsi deux demi-sphères ou **hémisphères**, qu'on appelle hémisphère nord ou boréal et hémisphère sud ou austral.

7. On appelle **cercles parallèles** ou cercles de *latitude* des cercles imaginaires tracés sur le globe terrestre parallèlement à l'équateur.

On appelle **méridiens** ou cercles de *longitude* les grands cercles imaginaires tracés sur le globe en passant par les pôles.

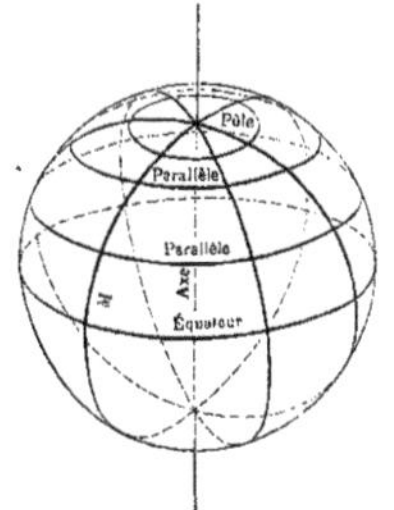

Fig. 1. — Méridiens (M) et Parallèles.

Les méridiens coupent à angle droit l'équateur et les parallèles.

8. Pour mesurer la Terre, on divise la circonférence de l'équateur en 360 degrés (360°), et, par chacune des divisions, on fait passer des méridiens; on les numérote de 0 à 180° à droite et à gauche, c'est-à-dire à l'est et à l'ouest, d'un méridien pris comme origine et que l'on appelle, pour cette raison, *premier méridien* (1).

Sur les cartes françaises le premier méridien est le méridien qui passe par Paris. Cha-

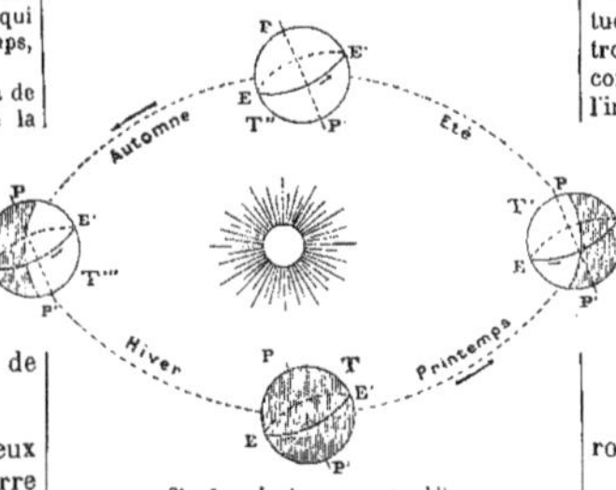

Fig. 2. — La terre sur son orbite.

P P' — Axe de la terre.
E E' — Équateur.
T — La terre à l'équinoxe de printemps.
T' — — au solstice d'été.
T'' — — à l'équinoxe d'automne.
T''' — — au solstice d'hiver.

que peuple choisit ordinairement pour premier méridien celui qui passe par sa capitale.

On divise les méridiens en quarts de méridien depuis l'équateur jusqu'au pôle, et l'on divise chaque quart en 90 degrés en partant de l'équateur. Par chaque division on imagine un cercle parallèle.

Sur les cartes et sur les globes terrestres, on trace un certain nombre de méridiens et de parallèles.

Le mètre, unité de longueur, est la dix-millionième partie du quart du méridien. La circonférence de la Terre a donc environ 40 millions de mètres ou 40 000 kilomètres.

9. On appelle **degrés de longitude** les degrés comptés sur l'équateur ou sur les parallèles.

On appelle **degrés de latitude** les degrés comptés sur les méridiens.

La longueur des degrés de latitude est mesurée sur les méridiens; elle est toujours la même. La longueur des degrés de longitude, est mesurée sur les parallèles; elle va en diminuant de l'équateur aux pôles.

10. On appelle **longitude** d'un point la distance, comptée en degrés, minutes et secondes, d'un point de la Terre à un premier méridien pris pour origine. La longitude est occidentale ou orientale.

On appelle **latitude** d'un point la dis-

(1) Pour mesurer une circonférence, on la divise en 360 parties égales qu'on appelle degrés (°); chaque degré est divisé en soixante parties qu'on appelle minutes ('), chaque minute en soixante parties qu'on appelle secondes (").

tance, comptée en degrés, minutes et secondes, d'un point de la Terre à l'équateur. La latitude est boréale ou australe.

En observant les astres, les marins peuvent mesurer la longitude et la latitude d'un lieu. C'est ce qu'ils appellent *faire le point*. Ils peuvent savoir ainsi où se trouve leur navire au milieu de l'Océan.

Lorsque l'on connaît la longitude et la latitude d'un lieu, il est facile, en effet, de le trouver sur une carte : on cherche le méridien correspondant à la longitude et le point est à l'intersection de ce méridien avec le parallèle correspondant à la latitude.

Lisez sur la carte de France la longitude et la latitude du chef-lieu du département de...

Cherchez sur la carte de France la ville dont la latitude est de... et la longitude de...

11. L'axe de la Terre est incliné d'environ 23° 27' sur l'orbite qu'elle parcourt.

La Terre, en tournant sur elle-même, ne présente donc pas, dans l'espace de 24 heures, toute sa surface du côté du soleil. Il en résulte que, si elle ne se transportait pas sur son orbite, une partie ne serait jamais éclairée.

Par suite de son mouvement de translation, chacun des pôles a un jour qui dure six mois, et une nuit de même durée.

A mesure qu'on s'éloigne du pôle l'inégalité entre la longueur du jour et celle de la nuit devient moins grande. A l'équateur, les jours sont toujours égaux aux nuits.

L'inégalité des jours et des nuits est la conséquence de l'inclinaison de l'axe terrestre sur son orbite (1).

12. L'orbite terrestre est partagé en quatre parties à peu près égales (fig. 2).

On appelle **saison** le temps que la Terre met à parcourir le quart de l'orbite terrestre.

On distingue quatre saisons : le printemps, l'été, l'automne et l'hiver.

Le printemps commence le 20 mars.
L'été — le 21 juin.
L'automne — le 22 septembre.
L'hiver — le 21 décembre.

13. On appelle **équinoxe** du printemps ou d'automne le premier jour du printemps ou d'automne parce que, pour toute la Terre, le jour est égal à la nuit. Les deux pôles sont éclairés.

(1) La démonstration du mouvement de rotation de la Terre sur elle-même, du mouvement de translation autour du soleil et de l'inégalité des jours et des nuits, se fait, d'une manière intéressante, en enfilant une pelote de laine qui représentera la Terre, dans une aiguille à tricoter qui représentera l'axe de la Terre, et en faisant tourner la pelote simultanément autour de l'aiguille et autour d'une lampe.

14. On appelle **solstice** d'été le premier jour de l'été parce que le soleil que l'on

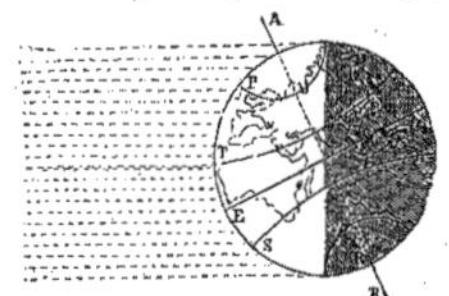

Fig. 3. — La Terre au solstice d'été.

voyait chaque jour monter dans le ciel semble s'arrêter pour redescendre. C'est le jour le plus long pour l'hémisphère boréal.

On appelle **solstice** d'hiver le premier jour de l'hiver parce que le soleil que l'on voyait chaque jour descendre dans le ciel

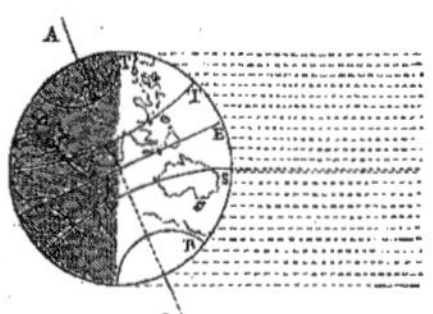

Fig. 4. — La Terre au solstice d'hiver.

semble s'arrêter de même avant de remonter; c'est le jour le plus court pour l'hémisphère boréal.

15. On appelle **tropique du Cancer** un parallèle situé à 23° 27′ de latitude nord. Au solstice d'été, de tous les points situés sur ce parallèle on voit le soleil verticalement au-dessus de sa tête à midi, c'est-à-dire au *zénith*.

On appelle **tropique du Capricorne** un parallèle situé à 23° 27′ de latitude sud, au-dessus duquel le soleil paraît verticalement au solstice d'hiver.

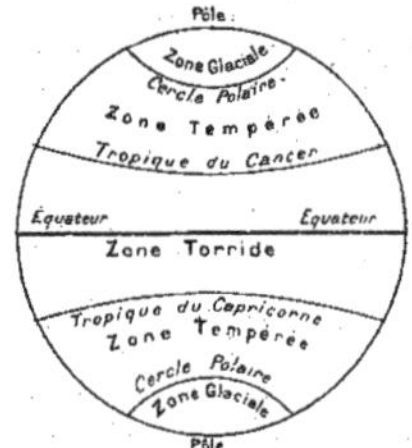

Fig. 5. — Zones et Tropiques.

Le soleil passe chaque année deux fois au zénith de tous les points situés entre les tropiques.

16. On appelle **cercle polaire boréal** ou **arctique** un parallèle situé à 23° 27′ du pôle nord.

Tous les points de ce cercle ont un jour de 24 heures au solstice d'été et, pour les points situés entre ce cercle et le pôle nord, la durée du jour varie de 0 à six mois.

On appelle **cercle polaire austral** ou **antarctique** un parallèle situé symétriquement à 23° 27′ du pôle sud.

Les cercles tropiques et les cercles polaires sont ordinairement tracés sur les cartes.

17. On appelle **zones torrides** ou **tropicales** les régions de la Terre comprises entre les tropiques. La chaleur y est toujours très grande.

On appelle **zones tempérées** les régions comprises entre les tropiques et les cercles polaires; la chaleur et le froid y sont tempérés.

On appelle **zones glaciales** les régions comprises entre les cercles polaires et les pôles. Le froid y est excessif.

Au prix des plus grands dangers et des plus grandes souffrances, de hardis navigateurs ont cherché à se rapprocher du pôle.

En 1883, l'Américain Greeley est parvenu jusqu'à 83°24′ de latitude nord (700 kil. du pôle nord).

En 1841, l'Anglais Ross est arrivé à 78°10′ de latitude sud.

Ce sont les points extrêmes qui aient été atteints.

REPRÉSENTATION DE LA SURFACE DE LA TERRE
SUR LES CARTES.

18. Comme la Terre est ronde, la surface terrestre est courbe et l'on ne peut exactement la représenter sur des cartes qui sont plates.

On peut, au contraire, la représenter exactement sur des globes ou sphères.

Pour représenter la surface complète de la Terre sur une carte, on imagine qu'on a enveloppé le globe avec une feuille de papier transparente, sous forme de cylindre, et que l'on a dessiné sur ce papier ce que l'on voit à travers.

C'est ainsi qu'on peut dessiner un paysage sur le carreau d'une fenêtre.

On développe ensuite cette feuille de papier et l'on obtient un **planisphère**, c'est-à-dire une figure plate de la sphère terrestre. (Voir la carte, page 8.)

On peut supposer aussi que l'on dessine le globe en le regardant de deux côtés opposés à travers une feuille de papier disposée parallèlement à l'axe de la Terre. On obtient ainsi une **mappemonde**, c'est-à-dire une *carte du monde*, en deux hémisphères. (Voir la carte, page 9.)

Dans les deux cas, il y a une déformation très grande des parties qui sont vers les extrémités.

Mais si l'on veut représenter une partie restreinte du globe terrestre, comme la France par exemple, la déformation est peu considérable

19. On appelle **échelle** d'une carte le rapport entre les dimensions de la carte et les dimensions réelles de la Terre.

On dit, par exemple, qu'une carte est à l'échelle de $\frac{1}{4.000.000}$ lorsqu'une longueur de 1 mètre sur la carte représente 4 millions de mètres sur la terre.

---

20. Il y a quatre **points cardinaux** : le *nord*, le *sud*, l'*est* et l'*ouest*.

Lorsqu'on tourne le dos au soleil, à midi,

Fig. 6. — Manière de s'orienter.

on a le *nord* devant soi, le *sud* ou *midi* derrière, l'*est* ou *levant* à sa droite, l'*ouest* ou *couchant* à sa gauche.

Sur les cartes, le nord est en haut, le sud en bas, l'est à droite et l'ouest à gauche.

On appelle nord-est, nord-ouest, sud-est, sud-ouest, les directions intermédiaires entre les points cardinaux.

21. Pendant le jour, lorsque le soleil n'est pas caché par les nuages, il est toujours assez facile de s'orienter, c'est-à-dire de trouver les points cardinaux.

Pendant la nuit, lorsque l'on voit les étoiles, on reconnaît le nord en regardant l'étoile polaire.

L'étoile polaire est une petite étoile qui se trouve près du point où l'axe de la terre prolongé traverse le ciel. Elle paraît immobile et toutes les étoiles semblent tourner autour d'elle.

Pour trouver l'étoile polaire dans le ciel,

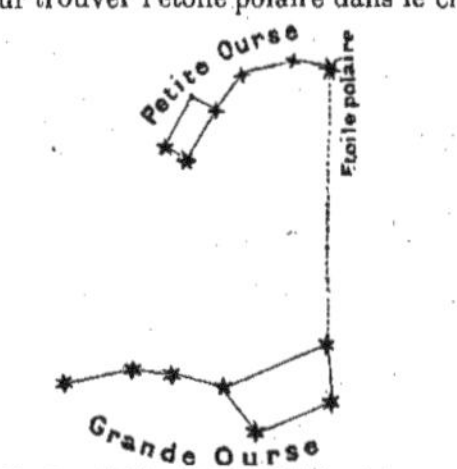

Fig. 7. — Manière de trouver l'étoile polaire.

il faut d'abord regarder la belle constellation de la Grande-Ourse, qui est toujours facile à reconnaître, et mener par la pensée, à travers le ciel, une ligne droite partant des deux dernières étoiles de la Grande Ourse opposées à la queue. Cette ligne passe tout près de l'étoile polaire, laquelle est la troisième étoile de la queue d'une constellation, la Petite-Ourse, disposée de la même manière que la Grande-Ourse, mais dans le sens inverse (voir fig. 7).

22. Boussole. On se sert également de la boussole. C'est un instrument formé d'un cadran et d'une aiguille aimantée qui tourne librement sur son centre et dont l'une des pointes se dirige constamment vers un point voisin du pôle nord (fig. 8).

Ce point, dont la direction est marquée sur le cadran par une croix (+), se déplace lentement d'année en année et se trouve tantôt à droite, tantôt à gauche du *nord vrai*. L'angle que font les deux directions s'appelle la *déclinaison*.

Pour trouver le nord avec la boussole, il faut donc connaître la déclinaison. (A Paris elle est d'environ 16° à l'ouest, en 1886).

Fig. 8. — Boussole.

On fait tourner la boussole jusqu'à ce que la pointe de l'aiguille soit sur le point correspondant à la croix, c'est-à-dire à l'angle de déclinaison; et la ligne N. S. indique la direction nord-sud.

C'est à l'aide de la boussole que les marins se dirigent.

QUESTIONNAIRE.

Quelle est la forme de la Terre ?
Qu'appelle-t-on orbite de la Terre, axe de la Terre, pôles, équateur, parallèles, méridiens ?
Comment sont divisés les méridiens et les parallèles ?
Qu'entend-on par latitude, par longitude ? Quelle est la cause de l'inégalité des jours et des nuits ?
Qu'entend-on par saison ?
Qu'appelle-t-on équinoxe, solstice ? Qu'est-ce que les tropiques, les cercles polaires ? Qu'entend-on par zones torrides, tempérées, glaciales ?
Qu'appelle-t-on planisphère, mappemonde ? Qu'entend-on par échelle d'une carte ?
Qu'entend-on par points cardinaux ? Comment s'oriente-t-on ? Comment trouve-t-on l'étoile polaire ? Décrivez la boussole.

NOTIONS SUR LES TERRAINS

1. La terre a été, à l'origine, un globe de matières en fusion. Lorsqu'elle s'est refroidie, la surface s'est solidifiée et les vapeurs qui l'entouraient se sont condensées en eau.

2. Les terrains qui composent la voûte solidifiée sont de deux natures. Les uns proviennent de la consolidation directe des *roches* en fusion ; on dit qu'ils sont d'*origine ignée*.

Les autres ont été formés au sein des eaux et se sont déposés en couches souvent très épaisses au fond des mers, comme le limon se dépose dans les étangs. On les appelle des terrains de *dépôt* ou de *sédiment*.

Quelquefois des terrains de sédiment ont subi une transformation sous l'effet de la pression ou de la chaleur. Ils ont été recuits et métamorphosés, comme, par exemple, de l'argile que l'on cuit pour faire des briques. On les appelle les terrains *métamorphiques*.

3. Les principales roches d'origine ignée sont les **granits**, dont la contexture est *granulée*.

4. Les roches d'origine sédimentaire peuvent se grouper en trois classes principales : les calcaires, les grès, les argiles.

Les **calcaires** ont pour base la chaux. Ils comprennent la *craie*, le *plâtre* et la plupart des *pierres à bâtir*.

Les **grès** ont pour base le sable ou silice. Ils comprennent à la fois des sables meubles et des sables plus ou moins agglutinés. Ils forment des pierres tantôt friables, tantôt très dures, comme le *silex* ou pierre à briquet.

Les **argiles** ont pour base un mélange de sable et d'*alumine*, roche que l'on ne trouve pas isolée. Ce sont, à proprement parler, des boues solidifiées imperméables à l'eau.

Mélangées avec les calcaires, les argiles constituent les *marnes* si utiles comme amendement agricole.

5. Les principales roches métamorphiques sont des **schistes**, c'est-à-dire des roches qui ont une contexture feuilletée, telles que les *ardoises*.

Les *marbres* sont des calcaires métamorphiques.

6. En se mêlant dans des proportions diverses, les argiles, les grès, les calcaires, les schistes, etc., forment une grande variété de roches intermédiaires.

Isolément, chaque roche est impropre à la végétation.

La fertilité des terres dépend de la proportion convenable des éléments constitutifs, des roches principales qui sont énumérées ci-dessus et d'éléments d'autres roches moins répandues, telles que les phosphates, la soude, la potasse, etc.

Lorsque l'argile domine, on a des *terres fortes*, qu'on appelle quelquefois terres froides parce qu'elles retiennent l'eau. Lorsque le sable domine, on a des *terres légères* qu'il faut amender en y mêlant de la marne.

7. Dans l'intérieur des masses de roches ignées ou des couches de roches sédimentaires, se trouvent des *filons de minerai* qu'on exploite pour en extraire les métaux usuels, ou des gisements de *houille* qui fournissent la majeure partie du combustible nécessaire à l'industrie.

De la nature des roches qui forment le sol d'un pays, dépendent ses cultures et ses industries ; de la nature des cultures et des industries dépendent les mœurs des habitants.

8. Les **montagnes** doivent leur origine à des effets de compression ou de contraction subies par les couches de terrain de l'écorce terrestre par suite du refroidissement progressif de la terre.

Les couches ont été brisées, et leurs arêtes redressées sont les aspérités de la surface du globe qu'on nomme chaînes de montagnes.

9. Par suite de ces mouvements du sol, le lit des océans a été changé à diverses époques, et les eaux, se précipitant sur les terres, ont produit des *érosions* gigantesques comme celles que l'on voit sur les flancs de certaines montagnes.

10. Les eaux ont, en quelque sorte, façonné la surface du sol, tantôt en escarpant des *falaises*, tantôt en déposant leurs limons sur les rochers.

Suivant la nature des terrains qui les composent, les montagnes présentent un aspect différent, c'est-à-dire que les montagnes de grès n'ont pas les mêmes formes que les montagnes calcaires, ou que les montagnes granitiques.

11. On a classé les terrains de sédiment d'après leur âge relatif, en *terrains primaires, terrains secondaires, terrains tertiaires, terrains quaternaires*. Dans chacun de ces terrains, on distingue les couches ou étages par des noms différents. Dans chacun d'eux on trouve des calcaires, des grès, des argiles et autres roches.

On détermine l'âge relatif des terrains d'après leur ordre de superposition et en comparant les empreintes et les débris fossiles de végétaux et d'animaux qu'on y trouve. En effet, des végétaux et des animaux qui vivaient à une époque ne se retrouvent généralement pas tous à une époque différente. On ne trouve de trace de l'existence de l'homme que dans les couches géologiques récentes.

Les terrains ignés se classent d'après la nature des roches qui les composent.

Voir sur la carte géologique (page 15) les noms des principaux étages de terrain et les teintes conventionnelles par lesquelles on les distingue.

1*

LE SOL

LES MONTAGNES, LES PLAINES ET LES VALLÉES.

1. La surface du globe terrestre présente des accidents, vallées, plateaux, montagnes dont l'ensemble forme le **relief** du sol.

Le fond des mers présente des inégalités aussi considérables que celles qui peuvent s'observer sur les continents.

Le point du globe le plus élevé au-dessus du niveau des mers est le mont Gaurisankar, dans l'Himalaya, en Asie. Il a 8,840 mètres.

Le point le plus élevé de l'Europe est le mont Blanc; il a 4,810 mètres.

Ces hauteurs paraissent considérables à l'homme qui les compare à sa propre taille; cependant, par rapport aux dimensions du globe terrestre, elles ont moins d'importance que les aspérités de la peau d'une orange par rapport à la grosseur de ce fruit.

2. La forme des montagnes varie selon la nature des terrains qui les constituent, et on a donné pour cette raison différents noms à leurs sommets.

Dans les Alpes et dans les Pyrénées, on les appelle *dent*, *pic*, *aiguille*, *corne*, *tour*, etc.

Fig. 9. — Montagnes, pics et aiguilles.

Dans les monts d'Auvergne, on les appelle *puy*, ce qui veut dire aussi sommet pointu, *dôme*, ce qui s'applique à des sommets arrondis.

Dans les Vosges, beaucoup de hauteurs portent le nom de *ballon*.

Ce nom paraît convenir à la forme arrondie des montagnes, mais il a cependant une origine différente; c'est la transformation d'un vieux mot germain ou celtique.

3. Les hautes montagnes sont couronnées de **neiges perpétuelles.** Dans nos climats, les neiges perpétuelles se trouvent à une altitude moyenne de 3,000 mètres, mais, lorsqu'elles s'accumulent dans les gorges des montagnes, elles forment des **glaciers.**

Les **glaciers** sont de véritables fleuves de glace qui coulent lentement (à peine quelques mètres par an), descendent dans les vallées, mais fondent en arrivant dans les parties basses. Ils donnent généralement naissance à des torrents.

Dans la plupart des montagnes de France, les Alpes, les Pyrénées, etc., lorsque l'on s'élève de la plaine ou de la vallée vers le sommet, on traverse d'abord des champs cultivés en blé ou autres céréales, puis, quelquefois, sur les coteaux bien exposés à la chaleur du soleil, on trouve des vignes, ensuite des forêts de chênes, puis des forêts de pins. Ordinairement celles-ci ne dépassent guère l'altitude de 2,000 mètres dans les Alpes, de 1,100 mètres dans les Vosges.

On entre ensuite dans la région des pâturages, au-dessus desquels sont les rochers dénudés, les glaciers et les neiges.

4. Les **volcans** sont des montagnes résultant d'une *éruption* des matières en fusion du centre de la terre. Elles sont de forme conique et leur sommet est percé d'une bouche ou *cratère* duquel s'échappent des fumées et des rochers en fusion ou *laves*.

Fig. 10. — Volcan.

Le *Vésuve*, près de Naples, est le plus remarquable des volcans de l'Europe.

Il y a dans l'Auvergne un grand nombre de volcans éteints.

5. On appelle **chaîne de montagnes** l'ensemble des sommets réunis les uns aux autres, comme les anneaux d'une chaîne.

On appelle **crête, arête, ligne de faîte,** la partie la plus élevée de la chaîne.

On appelle **massif de montagnes** un ensemble de chaînes groupées ensemble sans régularité apparente, comme le massif central de la France.

On appelle **contreforts** les chaînes secondaires qui se ramifient de chaque côté de la chaîne principale comme les branches d'un arbre de chaque côté de la branche principale.

Les grandes chaînes de montagnes sont souvent précédées de chaînes secondaires qui leur sont parallèles et qu'on appelle **avant-chaînes.**

6. On appelle **col, défilé, pas, pertuis, brèche, porte** ou **port,** etc., les dépressions de la crête par lesquelles ont été tracés les sentiers ou les routes qui permettent de passer d'un *versant* à l'autre.

7. On appelle **collines, côtes** ou **coteaux** des montagnes de petite élévation, facilement accessibles et généralement cultivées jusqu'à leur sommet.

Fig. 11. — Col.

On appelle **plateaux** des régions plates qui sont au-dessus du niveau général de la région.

Lorsque les crêtes des montagnes s'élargissent, elles forment de petits plateaux;

Fig. 12. — Montée et commencement de plateau.

mais on trouve des plateaux très étendus, comme dans le Jura, et quelquefois immenses, comme le plateau du Thibet en Asie.

On appelle **terrasses** des plateaux étagés les uns au-dessus des autres.

8. On voit aussi de grandes **plaines** très étendues et cultivées, comme la Beauce, parfois pierreuses et peu fertiles, comme la Champagne, ou sablonneuses, comme les Landes.

Fig. 13. — Plaine.

Dans la Russie, ces plaines peu habitées mais offrant des pâturages aux troupeaux, s'appellent des **steppes.**

En Amérique on les appelle *savanes* ou *pampas*.

9. En Asie et en Afrique sont d'immenses étendues de plaines arides, pierreuses ou sablonneuses; ce sont les **déserts,** où vivent seulement quelques populations *nomades*, ainsi nommées parce qu'elles ne se fixent nulle part et voyagent continuellement, afin de chercher des pâturages pour leurs troupeaux.

On trouve dans les déserts quelques endroits cultivables où il y a de l'eau; ce sont les **oasis**.

10. Entre les montagnes et dans les plaines se creusent les ravins, les vallons,

Fig. 14. — Vallée.

et les **vallées** dans lesquelles coulent les torrents ou ruisseaux, et les rivières.

Dans les montagnes, les vallées sont souvent profondes, étroites, et très encaissées.

On appelle **gorges** ou **défilés** les parties

Fig. 15. — Défilé.

des vallées resserrées entre les versants des montagnes.

Dans le Jura, ces gorges s'appellent des *cluses;* dans la Provence des *clus*.

11. Les vallées ont presque toujours été remplies par les eaux à une époque fort ancienne. Elles se sont ensuite desséchées, et, dans la partie la plus basse, est le *lit*, qui recueille les eaux de la vallée.

On appelle **alluvions** les terres déposées par les eaux dans le fond des vallées. Quelquefois ces alluvions sont formées d'un *limon* très fertile; d'autres fois ce sont des sables ou des cailloux brisés, comme dans la plaine de la Crau près d'Avignon.

LES EAUX

12. La chaleur du soleil transforme constamment en vapeur une partie des eaux des océans.

Cette vapeur forme les nuages. Les vents poussent les nuages sur les terres. Le refroidissement réduit les nuages en *neige* ou en *pluie*.

La neige reste longtemps dans les hautes montagnes, parce qu'il y fait plus froid que dans les plaines. Dans les parties très élevées, d'épaisses couches persistent toute l'année sur le sol et constituent les *neiges perpétuelles*. Les neiges perpétuelles forment quelquefois des *glaciers* dans les hautes vallées.

Les eaux de pluie s'écoulent immédiatement à la surface du sol sur les *terrains imperméables*, tels que les terrains argileux. Dans les *terrains perméables*, comme les terrains calcaires, une petite partie coule à la surface; mais la plus grande partie pénètre dans le sol, puis en sort peu à peu sous forme de *sources* ou fontaines, qui alimentent les cours d'eau.

13. On appelle **torrents** les petits cours d'eau qui descendent avec rapidité à travers

Fig. 16. — Torrent.

les rochers des montagnes. Dans les Pyrénées, on les appelle aussi *nestes* ou *gaves*.

14. On appelle **ruisseau** un petit cours d'eau ordinairement régulier et tranquille. Lorsqu'il est grossi par les pluies, le ruisseau devient un torrent.

15. On appelle **rivière** un cours d'eau important formé par la réunion de plusieurs cours d'eau secondaires.

On appelle **affluent** un cours d'eau secondaire qui se jette dans un autre plus important.

On appelle **confluent** l'endroit où deux cours d'eau se réunissent.

16. On appelle **fleuve** un très grand cours d'eau dans lequel se réunissent la

Fig. 17. — Lit d'un cours d'eau.

plupart des eaux d'une région et qui se jette directement à la mer.

17. On appelle **lit** la partie creuse du sol que le cours d'eau remplit en temps ordinaire (fig. 17).

En temps de *crue*, le cours d'eau, débor-

Fig. 18. — Inondation.

dant de son lit, inonde quelquefois sa vallée (fig. 18); pendant la sécheresse, le lit peut être à sec.

Quand sur un point le lit est beaucoup plus incliné que sur les autres points, il y a un *rapide*. Quand le lit est à pic, il y a une *cascade* (fig. 19).

Fig. 19. — Cascade.

Il y a beaucoup de cascades dans les Alpes.

On appelle *cataractes* une série de grandes cascades.

On appelle **berges** du cours d'eau les talus qui bordent son lit ordinaire.

On appelle **berges** de la vallée les talus qui bordent l'ancien lit lorsqu'il était plus étendu. Au moment des crues les eaux atteignent quelquefois les berges de la vallée.

18. On appelle *rive droite* la rive qui est à la droite d'une personne, qui descend le cours d'eau; *rive gauche*, celle qui est à gauche.

On appelle *aval* la partie d'un cours d'eau qui, par rapport à un point donné, est du côté vers lequel descendent les eaux, *amont* la partie opposée.

19. Lorsque la sortie d'une vallée est obstruée par un obstacle naturel ou par un *barrage* artificiel, les eaux se réunissent dans les parties les plus basses et forment une *mare ou marais*, un **étang** ou un **lac**, selon qu'elles couvrent un espace plus ou moins grand.

Il y a de beaux lacs dans les Alpes.

Il y a en Asie des lacs si étendus qu'ils ressemblent à la mer, comme la mer d'Aral et la mer Caspienne.

20. On appelle **embouchure** l'endroit où un fleuve se jette dans la mer, ou une rivière dans un lac.

Fig. 20. — Un lac des Alpes.

On appelle **estuaire** une embouchure large et profonde. La Gironde est un estuaire.

On appelle **delta** l'embouchure d'un fleuve qui se ramifie en plusieurs bras avant de se jeter dans la mer. Le Rhône forme un delta.

Ce nom vient d'une lettre grecque Δ, qui correspond au D français, parce que l'ensemble des bras du fleuve a une forme semblable.

21. On appelle **bassin** d'un cours d'eau l'ensemble de la région arrosée par ce cours d'eau et ses affluents.

On appelle **ceinture du bassin** l'ensemble des montagnes ou des plateaux qui séparent un bassin du bassin voisin.

On appelle *ligne de partage des eaux* la ligne que l'on pourrait tracer entre les sources des cours d'eau qui descendent vers deux bassins opposés.

22. Les *cours d'eau flottables* sont ceux sur lesquels on fait flotter des bûches ou des trains de bois; les *cours d'eau navigables* sont ceux qui permettent la navigation continue par bateau.

Ce sont des chemins préparés par la nature sur lesquels le transport est peu coûteux. On les améliore par divers travaux d'art : endiguements, chemins de halage, dragage, barrages, écluses.

23. Lorsque les cours d'eau naturels ne sont pas navigables on creuse un canal.

Un **canal** est un *cours d'eau artificiel*, c'est-à-dire creusé de main d'homme.

Un *canal latéral* est un canal creusé le long d'un cours d'eau dont la navigation est difficile.

Un *canal de jonction* réunit deux cours d'eau en traversant une ligne de partage. Il doit être alimenté au point de partage par une quantité suffisante d'eau.

On fait descendre d'ordinaire cette eau des hauteurs voisines à l'aide de *rigoles* et de *réservoirs*.

Pour ménager l'eau et rompre le courant sur la pente, on ferme de distance en distance le lit du canal par une écluse.

Une *écluse* est une petite portion de canal fermée aux deux extrémités par des portes qui communiquent l'une avec la partie inférieure, l'autre avec la partie supérieure du canal.

Lorsqu'un bateau se présente à la montée, on ouvre la porte inférieure (fig. 21);

Fig. 21. — Écluse ouverte pour communiquer avec le bassin inférieur.

l'eau du bassin se met de niveau avec la partie inférieure du canal et le bateau entre sans peine. On ferme alors la porte inférieure et on ouvre, avec certaines précau-

Fig. 22. — Écluse ouverte pour communiquer avec le bassin supérieur.

tions, la porte supérieure (fig. 22). L'eau du bassin s'élève, se met de niveau avec la partie supérieure du canal et le bateau sort sans peine.

Une manœuvre de l'écluse dans le sens inverse fait descendre un bateau.

Il y a un *canal latéral à la Loire*. Le *canal de Bourgogne* est un canal de jonction réunissant le bassin de la Seine et celui du Rhône. On appelle *bief* la partie d'un canal comprise entre deux écluses.

LES MERS

24. On appelle **mer** les masses d'eau qui recouvrent la plus grande partie du globe.

Les eaux de la mer sont salées. On en retire le sel en les faisant évaporer dans des marais artificiels appelés *marais salants*.

Les eaux de la mer sont rarement calmes; sous l'action des vents, elles forment des *vagues* qui viennent tantôt mourir doucement sur les rivages, tantôt se briser sur les rochers.

Deux fois dans les 24 heures, les eaux de la mer montent et descendent le long des rivages. C'est ce qu'on appelle la *marée*. On appelle *flux* la marée montante, *reflux* la marée descendante.

Dans certaines mers, le marée est peu sensible; dans d'autres, au contraire, et suivant la forme des rivages, la différence est de 10 à 15 mètres entre le niveau des eaux à la marée haute et à la marée basse. Le phénomène des marées est dû à l'attraction du soleil et surtout de la lune sur les eaux des océans.

On appelle **continent** une grande étendue de terre entourée par la mer.

On appelle **océan** une grande étendue de mer comprise entre les parties des continents.

25. On appelle **côtes** les rivages de la mer. On appelle *falaise* une côte escarpée; *dunes* les monticules de sable qui, sous l'action du vent et des eaux de la mer, se forment près des côtes. (On trouve aussi des dunes de sable dans les *déserts*.)

Il y a des falaises sur les côtes de Normandie, des dunes sur les côtes des Landes.

26. On appelle **cap** une pointe de terre qui s'avance dans la mer.

Fig. 23. — Cap.

On appelle **golfe** un bras de mer qui s'avance dans les terres. On appelle *baie* ou *anse* un petit ou un très petit golfe.

Fig. 24. — Baie.

27. On appelle **île** une terre entourée d'eau de tous côtés.

Un *archipel* est un groupe d'îles.

Fig. 25. — Presqu'île.

On appelle **presqu'île** ou *péninsule* une terre entourée d'eau presque de tous côtés

28. On appelle **isthme** une terre resserrée entre deux bras de mer.

Fig. 26. — Isthme.

On appelle **détroit** un bras de mer resserré entre deux terres.

Fig. 27. — Détroit.

29. On appelle **récifs** ou **écueils** des rochers à fleur d'eau. Près des côtes, les récifs sont parfois recouverts par les eaux à la marée montante.

30. Il existe dans les mers de grands **courants** dont la direction est constante. Les uns coulent de l'équateur vers les pôles et sont formés d'eaux plus chaudes que celles environnantes ; les autres coulent des pôles vers l'équateur et amènent des eaux plus froides ; ils portent parfois de grandes masses de glaces flottantes semblables à des montagnes.

On peut faire par mer le tour du monde ; on ne peut le faire sans traverser la mer.

L'AIR ET LES VENTS

31. La terre est entourée d'une masse d'air qui est nécessaire à la vie des animaux et des plantes.

On appelle **atmosphère** l'ensemble des couches d'air qui enveloppent la terre.

L'atmosphère s'échauffe inégalement sous l'action du soleil et il en résulte des déplacements d'air comme ceux que l'on constate quand on ouvre la porte d'une chambre chauffée.

32. Les vents sont de l'air qui se déplace. Tantôt ils sont modérés, tantôt ils sont violents et soufflent en **tempêtes**, en **ouragans**, en **cyclones** qui causent de grands désastres.

Il y a des courants d'air constants comme les courants de la mer.

On appelle **vents alizés** des courants constants qui soufflent, dans la région des tropiques : vers le sud-ouest, au nord de l'équateur, et vers le nord-ouest, au sud de l'équateur.

On appelle *moussons* des vents des mers des Indes et de Chine qui soufflent plusieurs mois dans une direction et plusieurs mois dans la direction opposée.

33. Dans chaque pays on observe des *vents dominants*, c'est-à-dire des vents qui soufflent plus fréquemment que d'autres. En France, ce sont les vents du sud-ouest ; ils amènent les vapeurs des mers équatoriales, et donnent la plus grande quantité de pluies.

Sur la Méditerranée, le *mistral* est un vent du nord froid et violent ; le *sirocco* est un vent du sud, chaud et sec, qui vient des déserts d'Afrique.

34. On entend par **climat** l'ensemble des conditions de chaleur, de vent et de pluie qui influent sur la vie des animaux et sur la végétation.

Le climat dépend de la *latitude*, c'est-à-dire de la distance d'un lieu à l'équateur ; de l'*altitude*, c'est-à-dire de l'élévation au-dessus de la mer ; du voisinage de la mer ou des montagnes, et de la direction ordinaire des vents.

L'ORGANISATION SOCIALE

35. On appelle **État** un territoire qui est soumis à un même gouvernement et dont les habitants obéissent aux mêmes lois.

On appelle **monarchie** un État gouverné par un prince dont l'autorité est héréditaire.

Un État dont le gouvernement est monarchique est un *royaume* (Angleterre), un *empire* (Russie), une *principauté* (Monaco), un *duché* (Luxembourg).

On appelle **république** un État dont le chef est élu pour une période déterminée. La France est une république.

Plusieurs États *souverains*, c'est-à-dire ayant le droit de faire des lois pour leur administration intérieure, peuvent être groupés sous un gouvernement unique. Ils forment alors une *république fédérative* (États-Unis), ou une *confédération* (Suisse), ou un *empire* (Allemagne).

36. Les habitants d'un même État composent la **nation**.

On dit qu'ils sont *citoyens* de l'État ; ils ont, en cette qualité, des devoirs à remplir, des droits à exercer ; ils sont sous la protection des représentants de leur pays lorsqu'ils sont à l'étranger.

On s'honore du titre de citoyen d'un pays, lorsqu'on en fait librement partie et que l'on n'a pas été soumis par la force à ses lois.

La PATRIE est le pays natal ; le pays dans lequel la famille s'est librement établie, où ont vécu les parents, où vivront les enfants.

On désigne aussi sous le nom de Patrie l'ensemble des affections et des intérêts communs à tous les citoyens.

L'amour de la Patrie est l'extension de l'amour de la famille. Tous les citoyens ont des devoirs envers la Patrie qu'ils doivent aimer et dont ils doivent défendre l'intégrité, l'indépendance et l'honneur.

Le drapeau national est le symbole de la Patrie.

37. On appelle **frontière** la limite qui sépare deux États. On dit quelquefois qu'une *frontière* est *naturelle* lorsqu'elle est marquée par un grand obstacle naturel, montagne ou cours d'eau.

Les Pyrénées sont une frontière naturelle. Le Rhin devrait être la frontière naturelle de la France.

Les frontières sont déterminées par des *traités*, et souvent après des guerres où la volonté du plus fort s'impose au vaincu. C'est ainsi que, par les traités de Francfort, en 1871, l'Allemagne a enlevé l'Alsace et la Lorraine à la France et imposé le tracé actuel de la frontière française de l'Est.

38. Le territoire d'un État est divisé en un certain nombre de parties ayant chacune une administration spéciale, sous l'autorité générale du gouvernement. On les nomme, suivant les États, *gouvernements*, *provinces*, *comtés*, *cercles*, *départements*. Ces circonscriptions administratives sont elles-mêmes subdivisées en circonscriptions plus petites.

C'est ainsi que la France est divisée en **départements** ; les départements en *arrondissements* ; les arrondissements en *canton* ; les cantons en *communes*.

Nous sommes ici dans la commune de... qui dépend du canton de...

Ce canton est situé dans l'arrondissement de... lequel fait partie du département de...

Le chef-lieu de notre département est...

QUESTIONNAIRE.

Que s'sont les noms principaux donnés aux sommets des montagnes ? — Qu'est-ce qu'un volcan ? — Qu'appelle-t-on crête, arête, massif, contrefort, avant-chaîne ? — Qu'est-ce qu'un col ? — Qu'est-ce qu'une colline, un plateau, une plaine ? — Qu'est-ce qu'un désert, une oasis ? — Qu'est-ce qu'une vallée, une gorge, une cluse ? — Qu'appelle-t-on alluvions ? Qu'appelle-t-on torrent, ruisseau, rivière, fleuve ? — Qu'entend-on par rive droite et rive gauche, aval et amont ? — Qu'est-ce qu'un marais, un étang, un lac ? — Qu'appelle-t-on embouchure, estuaire, delta ? — Qu'entend-on par bassin d'un cours d'eau, ceinture du bassin, ligne de partage ? Qu'est-ce qu'un cours d'eau flottable, navigable ? — Qu'est-ce qu'un canal latéral, un canal de jonction, une écluse ? Qu'appelle-t-on mer, océan, continent ? — Qu'appelle-t-on côtes, falaises, dunes ? Qu'appelle-t-on cap, golfe ? — île, presqu'île ? — isthme, détroit ? — récifs, écueils ? — Qu'est-ce qu'un courant ? Qu'appelle-t-on atmosphère ? — Qu'est-ce que le vent ? — Qu'appelle-t-on vents alizés, moussons, vents dominants ? — Qu'entend-on par climats ? Qu'entend-on par État, monarchie, république, confédération ? — Qu'est-ce qu'une nation ? — Qu'est-ce qu'une frontière ?

1**

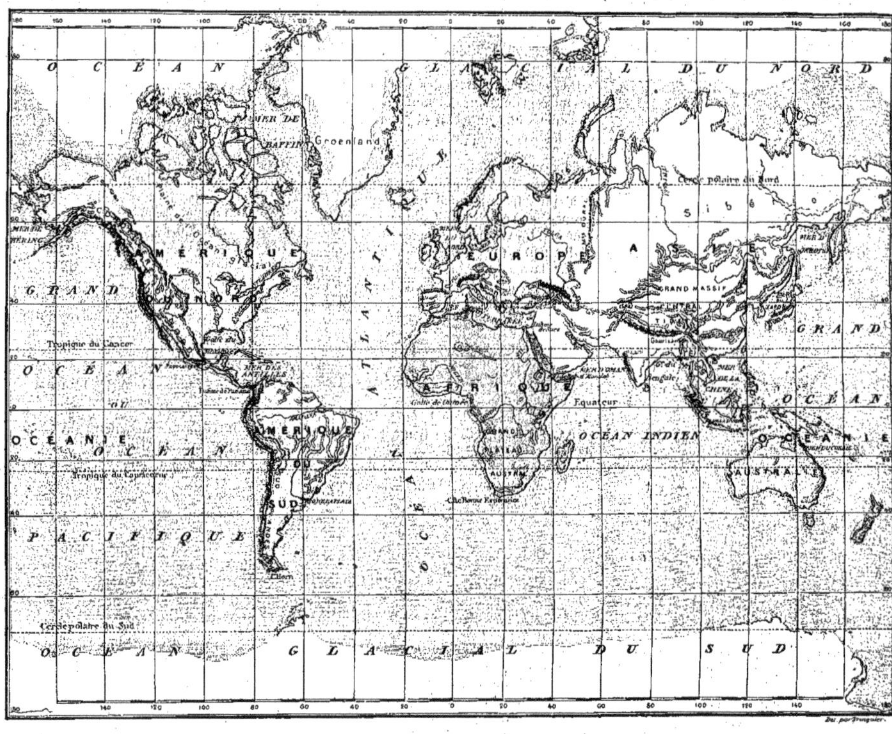

Sur la carte ci-dessus, PLANISPHÈRE, on remarquera : 1° que les parallèles et les méridiens sont indiqués par des lignes droites perpendiculaires entre elles; 2° que tous les degrés de longitude ont la même grandeur, tandis que la longueur des degrés de latitude croît depuis l'équateur jusqu'aux pôles.

Sur la sphère terrestre, au contraire, la longueur des degrés de latitude est constante, tandis que la longueur des degrés de longitude diminue en allant de l'équateur aux pôles. — Par conséquent, sur cette carte, les pays voisins de l'équateur, sont seuls représentés en proportion exacte; il y a une déformation de plus en plus grande à mesure qu'on s'éloigne de l'équateur, mais cette déformation est régulière, c'est-à-dire que les dimensions de chaque partie sont proportionnellement agrandies.

II. LA TERRE

1. Il y a **trois Continents** : l'**ancien Continent**, le **nouveau Continent** ou **Continent américain**, et le **Continent austral**.

2. Il y a **cinq parties** du monde : l'**Europe**, l'**Asie**, l'**Afrique**, l'**Amérique** et l'**Océanie**.

L'ancien continent comprend l'Europe, l'Asie et l'Afrique. C'est, à peu près, le monde connu des Anciens.

Le continent américain comprend l'Amérique du Nord et l'Amérique du Sud, ou *Nouveau Monde*, parce qu'il n'a été découvert qu'en 1492 par Christophe Colomb.

Le continent austral comprend l'Australie, qui fait partie de l'Océanie. Il a été découvert vers le commencement du XVIIᵉ siècle.

On remarquera que la majeure partie des continents est comprise dans l'hémisphère boréal.

3. Il y a **cinq océans** : l'**océan Glacial du Nord**, l'océan **Glacial du Sud**, l'océan **Atlantique**, le **Grand océan** ou **océan Pacifique**, l'**océan Indien**.

La mer couvre environ les **trois quarts de la surface du globe**.

4. On distingue **trois grandes races** d'hommes : la race blanche, la race jaune et la race rouge.

La **race blanche** (env. 660 millions d'individus) peuple l'Europe, une partie de l'Asie et de l'Afrique, et presque toute l'Amérique; elle est répandue en colonies dans le monde entier.

La **race jaune** (env. 550 millions d'individus) peuple l'Asie orientale.

La **race noire** (env. 175 millions d'individus) peuple la plus grande partie de l'Afrique et la plupart des îles de l'Océanie.

On distingue, en outre, plusieurs races secondaires, comme la *race rouge* en Amérique, la *race malaise* dans les îles de l'Océanie

TERRE
EN DEUX HÉMISPHÈRES
par E. Levasseur

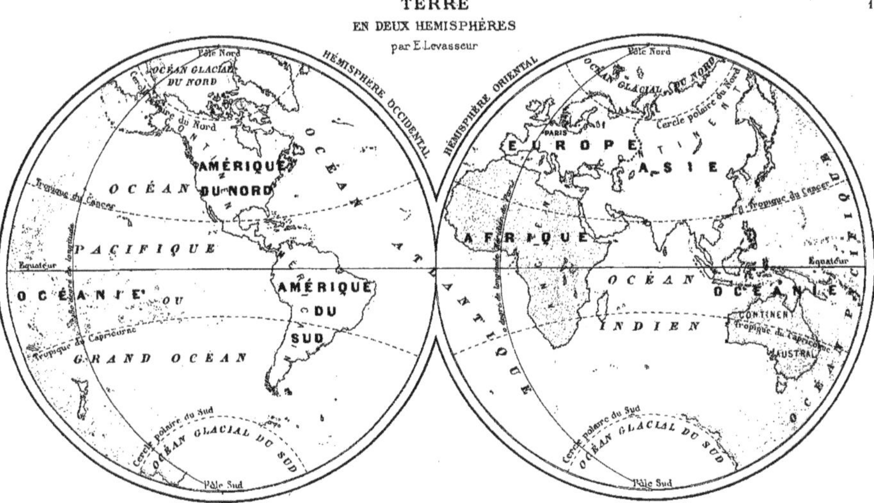

Sur la carte ci-dessus : TERRE EN DEUX HÉMISPHÈRES, la surface de la terre est représentée en *projection* sur un méridien; la déformation est irrégulière; les contrées voisines du centre de chaque hémisphère sont les seules qui ne soient pas déformées.

Les hommes de la race blanche, à laquelle appartiennent les Européens, les Américains, les Arabes en Afrique, les Indiens, Turcs et Persans en Asie, sont les plus civilisés.

Les hommes de la race jaune comprennent les Chinois, Mongols, Japonais, etc. Ils ont une civilisation très ancienne.

Les hommes de la race noire comprennent les tribus nègres de l'Afrique. La plupart sont encore à l'état de barbarie, mais quelques familles de cette race se distinguent par leur intelligence et leurs aptitudes à recevoir la civilisation.

Les hommes de la race rouge comprennent les Indiens de l'Amérique; la plupart vivent de chasse et de pêche dans les grandes plaines du nord; leur nombre diminue chaque jour devant les progrès de la civilisation américaine.

Les Malais sont dispersés dans les îles du Grand océan.

5. D'après leurs croyances, les hommes se partagent en **trois religions principales**.

Le **christianisme** (environ 220 millions d'indiv.) est professé par les peuples de l'Europe et de l'Amérique; il s'est répandu, par des missions, dans toutes les parties du globe.

Les principales subdivisions du christianisme sont l'église catholique ou latine, qui reconnaît l'autorité du pape, les églises *grecques* et les églises *protestantes*.

L'**islamisme**, ou religion de Mahomet (env. 180 millions d'indiv.), est observé par les Arabes, les Turcs, les Persans qui sont de race blanche et par quelques autres peuples asiatiques. Il fait de grands progrès parmi les nègres de l'Afrique.

Le **brahmanisme** et le **bouddhisme**, qui en est une réforme (environ 640 millions d'individus), sont suivis par la majeure partie des peuples de l'Asie orientale et méridionale.

Chacune de ces religions se subdivise en sectes qui interprètent différemment certains dogmes.

Le **judaïsme** est professé par un grand nombre d'hommes dispersés sur toute la terre, mais qui ne sont réunis nulle part en corps de nation.

Beaucoup de tribus nègres du centre de l'Afrique et des îles de l'Océanie, ainsi que des peuplades du nord des continents, sont **fétichistes**, c'est-à-dire adorent des idoles ou n'ont aucune religion positive

QUESTIONNAIRE.

Combien distingue-t-on de continents? — de parties du monde? — d'océans?

Quelles sont les races d'hommes principales? Où habitent-elles? — Quelles sont leurs religions?

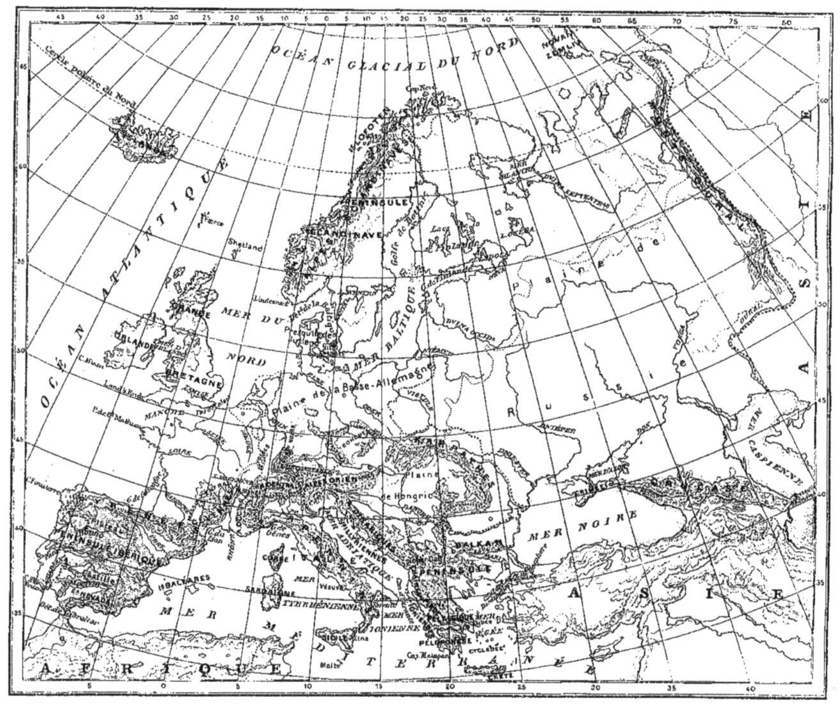

III. L'EUROPE

1. L'**Europe** est la plus petite des cinq parties du monde, mais la plus importante par la richesse et par l'activité de sa nombreuse population. Elle a une superficie de 10 *millions de kilomètres carrés;* elle compte 340 *millions d'habitants.*

2. L'Europe est bornée au nord par l'océan Glacial, à l'ouest par l'océan Atlantique, au sud par la mer Méditerranée et la mer Noire.

Elle est séparée de l'Asie par la chaîne du Caucase, par la mer Caspienne, par les monts Oural, le fleuve Oural et la rivière Kara.

Le point le plus septentrional de l'Europe est le cap Nord, au nord de la péninsule Scandinave; le point le plus méridional est le cap Matapan, au sud de la Grèce.

Ces deux points sont à peu près situés sur un même méridien qui partage l'Europe en deux parties presque égales.

À l'ouest, sont des régions montagneuses et très profondément découpées par la mer, ce qui a pour conséquence d'en adoucir le climat.

À l'est, sont de grandes plaines très froides et relativement peu habitées.

3. On partage l'Europe en cinq grandes régions: l'*Europe occidentale*, l'*Europe centrale*, l'*Europe méridionale*, l'*Europe septentrionale* et l'*Europe orientale.*

4. L'Europe occidentale comprend : la France, les Îles Britanniques (ou Grande-Bretagne et Irlande), la Belgique, les Pays-Bas, le Grand-Duché de Luxembourg.

L'Europe centrale comprend l'Allemagne, l'Autriche-Hongrie et la Suisse.

L'Europe méridionale comprend trois grandes péninsules : la péninsule Ibérique (Espagne et Portugal), la péninsule Italique (Italie), la péninsule Pélasgique ou péninsule des Balkans (Turquie, Roumanie, Grèce, Serbie et Monténégro).

L'Europe septentrionale comprend la péninsule Scandinave (Suède et Norvège) et le Danemark.

L'Europe orientale comprend la Russie.

5. L'Europe occidentale a un climat tempéré et généralement pluvieux.

L'Europe centrale a un climat plus froid et plus sec, à l'exception des parties montagneuses, où les pluies sont fréquentes.

L'Europe méridionale a un climat généralement très doux et particulièrement agréable sur les côtes de la Méditerranée.

L'Europe septentrionale et l'Europe orientale ont un climat très rigoureux en hiver et relativement tempéré en été.

LES MERS.

6. L'**océan Glacial** est glacé la plus grande partie de l'année.

7. L'**océan Atlantique** s'étend depuis le cap Nord jusqu'au détroit de Gibraltar. Il forme : la mer du **Nord**, la mer **Baltique**, dans laquelle se creusent le golfe de Finlande et le golfe de Bottnie, la **mer d'Irlande**, la **Manche**, le *golfe de Gascogne*.

La mer du Nord et la mer Baltique communiquent par les **détroits** de la **Baltique**.

La mer du Nord et la Manche communiquent par le **Pas de Calais**.

Les principales îles sont : les îles **Lofoten** sur la côte de Norvège ; l'**Islande** ; les îles **Britanniques**, comprenant la Grande-Bretagne, l'Irlande et plusieurs petites îles ; les îles **Danoises** à l'entrée de la mer Baltique.

Il y a deux grandes presqu'îles : la **péninsule Scandinave**, et la *presqu'île du Jutland*.

Les caps les plus occidentaux des côtes de l'Europe sont *Lindesnæs* au sud-ouest de la péninsule scandinave, *Land's End* au sud-ouest de la Grande-Bretagne, *cap Mizen* au sud-ouest de l'Irlande, *pointe de Saint-Mathieu* à l'ouest de la France, *cap Finisterre* et *cap Saint-Vincent* dans la péninsule Ibérique.

8. La **Méditerranée**, dont le nom signifie *mer au milieu des terres*, communique avec l'océan Atlantique par le détroit de **Gibraltar**. Elle se divise en deux bassins : le bassin occidental et le bassin oriental, séparés l'un de l'autre par la Sicile et les côtes de la Tunisie.

9. Dans le bassin occidental sont le golfe *du Lion*, le golfe *de Gênes*, et la mer **Tyrrhénienne** ; les grandes îles de **Corse**, de **Sardaigne**, de **Sicile** et les îles **Baléares**.

10. Le bassin oriental se subdivise en mer **Adriatique**, mer **Ionienne**, mer **Égée**, mer de **Marmara**.

La mer Adriatique et la mer Ionienne communiquent par le **canal d'Otrante**.

La mer Ionienne forme le **golfe de Tarente**. La mer Égée communique avec la mer de Marmara par le **détroit des Dardanelles**.

Les principales îles sont : l'île de **Malte** ; les îles **Illyriennes** dans la mer Adriatique ; les îles **Ioniennes** dans la mer Ionienne ; la **Crète**, les **Cyclades**, **Eubée** et un grand nombre de petites îles dans la mer Égée qu'on appelle aussi pour cette raison mer de l'*Archipel*.

11. La mer **Noire** communique avec la mer de Marmara par le **Bosphore**.

Elle forme la mer d'**Azov**, dont elle est séparée par la presqu'île de *Crimée*.

12. La mer **Caspienne** ne communique avec aucun océan. Son niveau est d'environ 28 mètres au-dessous de celui de la mer Noire.

RELIEF DU SOL.

13. Les **Alpes** sont les montagnes les plus importantes de l'Europe et les plus élevées.

Elles se composent d'un nombre considérable de chaînes et de massifs, répartis en trois groupes : **Alpes occidentales**, dans lesquelles se trouve le **mont Blanc**, le plus haut sommet des Alpes (4,810 mèt.), **Alpes centrales** et **Alpes orientales**.

Les principales montagnes de l'Europe occidentale sont :

Dans la région française : le **Massif central**, les **Cévennes**, le **Jura**, les **Vosges**, les **Pyrénées** ;

Dans les îles Britanniques, les monts **Grampian**.

Les principales montagnes de l'Europe centrale sont : les **Alpes**, la **Forêt-Noire**, le **Massif de l'Allemagne centrale**, les montagnes du **Plateau de Bohême**, les **Karpates**.

Les principales montagnes de l'Europe méridionale sont :

Dans la péninsule Ibérique : les **Pyrénées**, les montagnes du **Plateau de Castille**, la **Sierra Nevada** ;

Dans la péninsule Italique : les **Alpes** et les **Apennins**, avec les volcans du **Vésuve** en Italie, et de l'**Etna** en Sicile ;

Dans la péninsule Pélasgique ou péninsule des Balkans, les **Alpes Dinariques**, les **Balkans**, la chaîne du **Pinde**.

Les principales montagnes de l'Europe septentrionale sont :

Les **Alpes Scandinaves** ;

Les montagnes volcaniques de l'Islande.

Les principales montagnes de l'Europe orientale sont : les monts **Oural** et le **Caucase**, qui séparent l'Europe de l'Asie. Dans le Caucase, le mont Elbrous a 5,646 mètres d'altitude.

COURS D'EAU ET LACS.

14. Les Alpes, constituant le principal relief de l'Europe centrale, donnent naissance aux principaux cours d'eau. Quatre grands fleuves en descendent et coulent dans des directions opposées : le Rhône, le Rhin, le Danube et le Pô.

Les principaux fleuves de l'Europe occidentale sont :

Dans la région française, le **Rhône**, qui sort des Alpes ; la **Meuse**, la **Seine** et la **Loire**, dont les eaux descendent principalement du Massif central ; la **Garonne**, qui descend des Pyrénées.

Dans les îles Britanniques, la **Tamise**.

L'Europe centrale est traversée par cinq fleuves principaux :

Le **Danube**, qui se jette dans la mer Noire ; le **Rhin**, qui reçoit les eaux d'un vaste bassin et se jette dans la mer du Nord ; l'**Elbe**, l'**Oder** et la **Vistule**, qui reçoivent leurs eaux des montagnes de la Bohême et des Karpates et coulent vers le nord. L'Elbe se jette dans la mer du Nord ; l'Oder et la Vistule, dans la mer Baltique.

Les principaux fleuves de l'Europe méridionale sont :

Dans la péninsule Ibérique : quatre fleuves qui se jettent dans l'océan Atlantique, le **Douro**, le **Tage**, la **Guadiana** et le **Guadalquivir** ; un fleuve, l'**Ebre**, qui se jette dans la Méditerranée.

Dans la péninsule Italique, le **Pô**, qui se jette dans la mer Adriatique, et le **Tibre**, qui se jette dans la mer Tyrrhénienne.

Dans la péninsule Pélasgique, la **Maritza**, qui se jette dans la mer Égée.

L'Europe orientale, c'est-à-dire la Russie, est traversée par quatre fleuves principaux qui coulent vers le nord et par cinq fleuves plus importants qui descendent vers le sud.

Les quatre fleuves du versant nord sont le **Niemen**, la **Dvina occidentale**, la **Néva**, déversoir des lacs *Ladoga* et *Onega*, qui se jettent dans la Baltique ; la **Dvina septentrionale**, qui se jette dans la mer Blanche.

Les cinq fleuves du sud sont le **Dniester**, le **Dnieper**, qui se jettent dans la mer Noire ; le **Don**, dans la mer d'Azov ; le **Volga** et l'**Oural**, dans la Caspienne.

L'Europe septentrionale, c'est-à-dire la péninsule Scandinave, est couverte de nombreux lacs. Un des plus importants est le lac **Venern**, qui a pour déversoir la **Gœta**.

ÉTATS DE L'EUROPE.

15. On appelle **grandes puissances européennes** les grands États disposant d'armées puissantes et de flottes de guerre.

Il y a six grandes puissances :

La **République Française**, capitale Paris.

Le **Royaume-Uni de Grande-Bretagne et d'Irlande** ou îles Britanniques, capitale Londres.

L'**Empire allemand**, confédération de 25 États sous l'autorité du roi de Prusse, empereur d'Allemagne, capitale Berlin.

L'**Empire d'Autriche-Hongrie**, formé de l'empire d'Autriche, capitale Vienne, et du royaume de Hongrie, capitale Budapest.

L'**Empire de Russie**, capitale Saint-Pétersbourg.

Le **Royaume d'Italie**, capitale Rome.

16. Il y a treize États secondaires :

Au nord : le **Royaume de Suède et de Norvège**, formé de la Suède, capitale Stock-

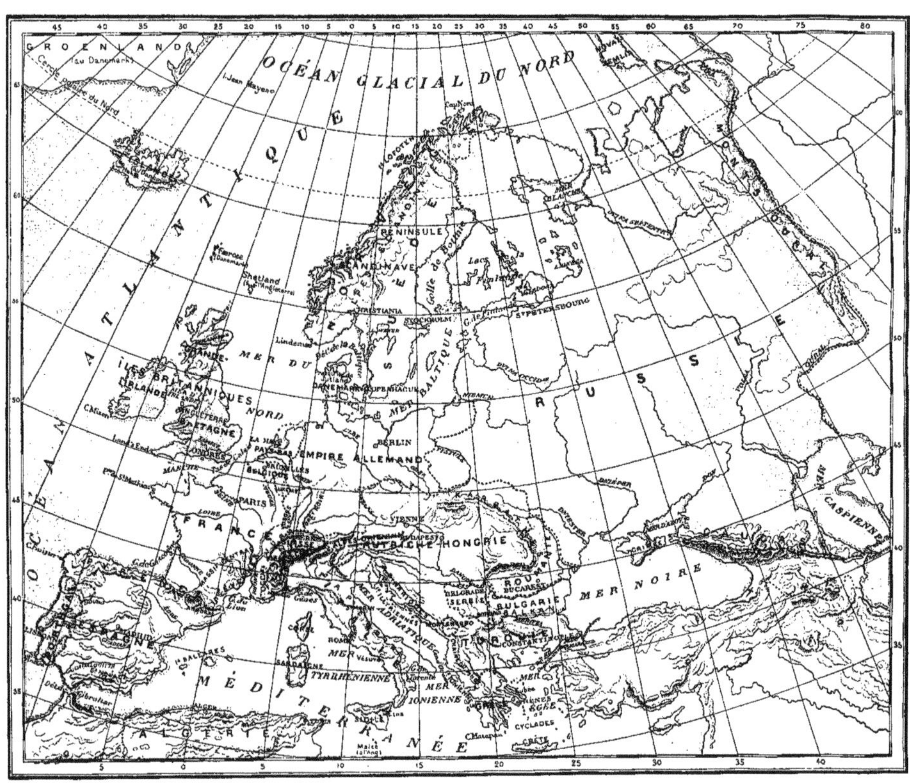

holm, et de la Norvège, capitale Christiania.

Le **Royaume de Danemark**, capitale Copenhague, duquel dépend l'*Islande*.

Le **Royaume des Pays-Bas**, ou Hollande, capitale Amsterdam (La Haye est la résidence du gouvernement).

Le **Royaume de Belgique**, capitale Bruxelles.

Le **Grand-Duché de Luxembourg**, capitale Luxembourg.

Au centre de l'Europe : la **Suisse**, ou Confédération helvétique, confédération de 22 cantons, capitale fédérale, Berne.

Au sud : le **Royaume d'Espagne**, capitale Madrid (1).

Le **Royaume de Portugal**, capitale Lisbonne.

Le **Royaume de Serbie**, capitale Belgrade.

Le **Royaume de Roumanie**, capitale Bucarest.

L'**Empire Ottoman**, capitale Constantinople, duquel dépend la principauté de Bulgarie.

Le **Royaume de Grèce**, capitale Athènes.

La **Principauté de Montenegro**, capitale Cetigne.

17. Il y a en outre quatre très petits États englobés dans d'autres pays et sous leur protectorat. Ce sont :

La **République d'Andorre**, sous le protectorat de la France et de l'Espagne.

La **Principauté de Monaco**, sous le protectorat de la France.

La **République de Saint-Marin**, sous le protectorat de l'Italie.

La **Principauté de Liechtenstein**, entre la Suisse et l'Autriche, sous le protectorat de l'Autriche-Hongrie.

QUESTIONNAIRE.

Quelles sont les limites de l'Europe et ses grandes régions?

Indiquez sur la carte les mers et les détroits qui les font communiquer. — Indiquez les principales îles ; — les grandes presqu'îles ou péninsules.

Quelles sont les montagnes les plus importantes de l'Europe ? — Quelles sont les principales montagnes de l'Europe occidentale, de l'Europe centrale, de l'Europe septentrionale, de l'Europe méridionale, de l'Europe orientale?

Quels sont les principaux fleuves qui sortent des Alpes ? — les principaux fleuves de la France, de l'Europe centrale, de l'Europe septentrionale, de l'Europe méridionale, de l'Europe orientale?

Quelles sont les grandes puissances de l'Europe? Quels sont les États secondaires? Quels sont les petits États?

---

(1) Par son importance, le royaume d'Espagne pourrait être considéré comme une grande puissance, mais il n'a cependant pas été représenté dans les principaux *congrès* 'ou ont été décidées les questions de la répartition des États européens.

IV. LA FRANCE

1. La **République française** comprend le territoire de la France, celui de l'Algérie et des colonies.

Avant 1789, la France était divisée, en 33 grands *gouvernements* ou *provinces*, y compris la Corse.

L'organisation administrative de la France fut changée au commencement de la *Révolution française*.

En 1790, la France fut divisée en 83 départements d'étendue à peu près égale et sans tenir compte des anciennes divisions provinciales.

Cette mesure a eu pour but de faire disparaître l'esprit particulier qui régnait dans les provinces, d'effacer le souvenir des privilèges, de donner au pays l'égalité administrative et d'en fondre les diverses parties dans la grande unité de la *patrie française*.

C'est pour cette raison aussi qu'on a remplacé les noms des provinces qui rappelaient les anciennes divisions par des dénominations nouvelles, empruntées soit aux cours d'eau, comme Seine, Gironde, etc., soit à des montagnes comme Cantal, Hautes Alpes, soit à une situation particulière, comme Finistère, Côtes du Nord, Landes.

A la suite des conquêtes du premier empire, le territoire s'agrandit considérablement et le nombre des départements fut porté à 130.

En 1815, la France fut ramenée à peu près à ses anciennes limites.

En 1860, elle s'agrandit de la Savoie et du comté de Nice.

Après la guerre de 1870-171, elle perdit l'Alsace et une partie de la Lorraine.

La commune est la plus petite subdivision administrative. Elle est administrée par le *conseil municipal* et par le *maire* assisté d'un ou de plusieurs adjoints. Le conseil municipal est élu par les citoyens. Le maire est élu par le conseil municipal.

Il y a environ 36,000 communes. Les unes sont de grandes villes qui ont plus de cent mille habitants. D'autres sont de petits villages dont beaucoup ont moins de cent habitants.

Le canton est formé du groupement de plusieurs communes, mais il n'a pas d'administration particulière. Au chef-lieu de canton réside le juge de paix et a lieu le tirage au sort pour le recrutement de l'armée.

L'arrondissement est formé de la réunion de plusieurs cantons.

Le *chef-lieu de l'arrondissement* s'appelle aussi *sous-préfecture*. L'arrondissement est administré par le *conseil d'arrondissement* qu'élisent les citoyens, et par le *sous-préfet*, fonctionnaire dépendant du préfet.

Le département est formé de la réunion de plusieurs arrondissements.

Le *chef-lieu du département* s'appelle aussi *préfecture*. Le département est administré par le *conseil général* qu'élisent les citoyens et par le *préfet*, que nomme le président de la République.

2. La France est divisée aujourd'hui en 86 *départements*, plus le *territoire de Belfort*, qui faisait partie de l'ancien département du Haut-Rhin et forme une circonscription particulière administrée comme un département.

L'Algérie forme trois départements.

3. La **France** est bornée, au nord, par la Manche ; à l'ouest, par l'océan Atlantique ; au sud, par les Pyrénées qui la séparent de l'Espagne et par la Méditerranée ; à l'est, par les Alpes qui la séparent de l'Italie et par le Jura qui la sépare de la Suisse.

Au nord-est, aucun obstacle naturel ne la sépare de l'Empire allemand. Les traités de 1871 lui ont enlevé l'Alsace et une partie de la Lorraine. La frontière a été tracée sur la crête des Vosges, puis elle se continue par une ligne de convention qui coupe la Moselle et rejoint la frontière du Luxembourg.

Au nord, la frontière entre la France et la Belgique est aussi conventionnelle.

4. La forme de la France est à peu près symétrique par rapport au méridien de Paris, c'est-à-dire que ce méridien la partage en deux parties à peu près semblables.

On peut la comparer d'une manière générale à un hexagone, c'est-à-dire une figure géométrique de six côtés. Trois côtés de cet hexagone correspondent aux frontières maritimes, trois autres aux frontières terrestres.

La longueur de la France sur le méridien de Paris est d'un peu moins de 1000 kilomètres (935 kil.).

Une circonférence de 400 kilomètres, ayant Paris pour centre, passe par Saint-Brieuc, la Rochelle, le sommet du Cantal, Genève, Strasbourg, Coblenz, Cologne.

Une circonférence de 700 kilomètres, ayant le même centre, donne l'ensemble de la frontière des Pyrénées, passe près de Toulon et de la frontière de l'Italie sur la Méditerranée.

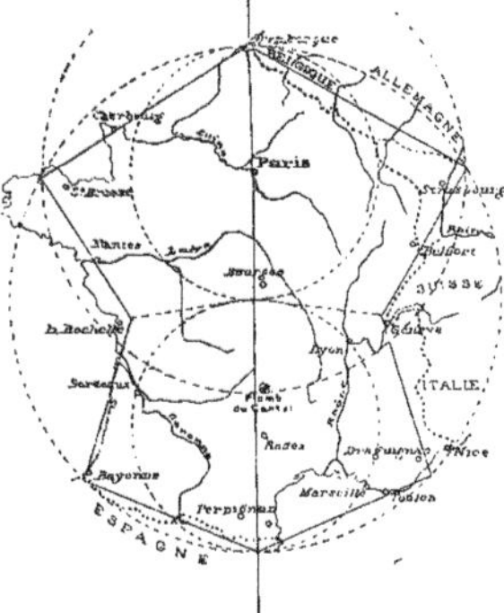

Lignes de symétrie de la France.

La distance de Dunkerque à Bayonne est sensiblement égale à celle de Dunkerque à Nice. La distance du cap Saint-Mathieu à Dunkerque est aussi sensiblement égale à celle du cap Saint-Mathieu à Bayonne.

La superficie de la France est de **1 million 528,000 kilomètres carrés**, c'est-à-dire environ le dix-neuvième de l'Europe.

La population est de **38 millions d'habitants**, c'est-à-dire environ le neuvième de la population de l'Europe.

5. Les continents n'ont pas eu toujours les mêmes formes qu'à présent.

Les eaux en recouvraient une partie tandis que des terres, qui sont actuellement couvertes par les mers, émergeaient au-dessus des eaux.

Ainsi, les montagnes de la France formaient de grandes îles comme l'Angleterre et l'Irlande. C'étaient : le *Massif central* au centre, le *Massif breton* au nord-ouest, les *Pyrénées* au sud, les *Alpes* au sud-est, le *Jura*, les *Vosges*, les *Ardennes* à l'est.

6. Entre ces îles se trouvaient des bassins maritimes. Les terres que les eaux entraînaient des montagnes voisines les ont peu à peu comblés.

Au nord, c'était le bassin entouré par la Bretagne, le Massif central et les Vosges et qui est devenu le *bassin de Paris*.

Au sud-ouest, c'était le bassin entouré par le Massif central et les Pyrénées et qui est devenu le *bassin de la Garonne*.

Au sud-est, c'était le bassin entouré par le Massif central, les Alpes et le Jura et qui est devenu le *bassin du Rhône*. Ce dernier se divise en deux étages : le bassin de la Saône et celui du Rhône inférieur.

7. Ces trois anciens bassins maritimes, ou **bassins géologiques** de la France, sont formés de terrains ayant une certaine similitude de composition géologique ; ce sont les grandes régions agricoles de notre pays. Leur fertilité est due à l'épaisseur des limons déposés par les eaux, et à l'arrosement régulier par les rivières qui descendent des régions montagneuses.

8. Autour des deux massifs du centre et des trois bassins géologiques qui constituent le territoire de la France, sont cinq régions de montagnes qui en forment les frontières : les **Ardennes**, les **Vosges**, le **Jura**, les **Alpes**, les **Pyrénées**.

9. La France se divise donc en **dix régions** qui offrent des différences notables comme nature du sol, climat, cultures et mœurs des populations.

Ces dix régions sont :

1. La région de Paris ; le centre principal est Paris.

2. La région du Nord (frontière belge). Le centre principal est Lille.

3. La région du Nord-Est ou des Vosges et des Ardennes (frontière allemande). Le centre est Nancy.

4. La région de l'Est, que l'on peut distinguer en région de la Saône et région

(Voir page 35 la correspondance des numéros avec les départements.)

du Jura (frontière suisse). Les centres sont Lyon, Dijon, Besançon.

5. La région du Sud-Est ou des Alpes (frontière italienne). Le centre est Grenoble.

6. La région du Midi-Maritime ou méditerranéenne. Les centres sont Avignon, Marseille.

7. La région du Midi-Pyrénéenne (frontière espagnole). Les centres sont Pau et Foix.

8. La région du Sud-Ouest ou de la Garonne. Le centre principal est Toulouse.

9. La région du Nord-Ouest ou Massif breton. Les centres principaux sont Rennes et Nantes.

10. La région du Centre ou Massif central. Le centre principal est Clermont-Ferrand.

10. Deux régions : le Massif central et le Massif breton, sont des régions de plateaux et de montagnes. Elles sont formées de terrains granitiques et schisteux et sont riches en pâturages.

Quatre régions sont des régions surtout agricoles ; ce sont d'anciens bassins maritimes : la région de Paris (bassin de la Seine), la région du Nord (bassin de l'Escaut), la région du Sud-Ouest (bassin de la Garonne), et une partie des régions de l'Est et du Midi-Maritime (bassins de la Saône et du Rhône).

Quatre régions sont des régions de montagnes, et surtout forestières : la région des Vosges et Ardennes, les régions du Jura, des Alpes et des Pyrénées.

Il est intéressant de comparer la carte géologique avec la carte des régions. On remarquera que les grandes divisions géologiques correspondent aux divisions en régions. Mais cette étude ne peut être faite utilement avant que l'élève ait une connaissance suffisante des détails de la géographie physique et politique. Il faut donc commencer l'étude de la géographie par la description des côtes qui délimitent un pays, des montagnes qui en donnent l'esquisse d'ensemble, et enfin du réseau des rivières, qui sont, en quelque sorte, les traits de sa physionomie.

Or, comme on ne peut parler des rivières sans parler des villes qu'elles traversent et des pays qu'elles arrosent, il est logique de ne pas séparer la géographie politique de la géographie physique. Il y a même économie de temps et avantage à faire apprendre les départements en même temps que les bassins fluviaux; l'élève étant amené à comparer les cartes, se grave mieux dans la mémoire les relations des uns avec les autres.

L'étude des régions et de leur rapport avec la formation géologique du sol ne doit venir qu'ensuite. On doit la considérer comme une étude de revision de la géographie de la France.

Les **Ardennes** sont composées de terrains schisteux, marécageux ou boisés. De chaque côté se sont formés de grands dépôts de houille : le bassin de la Sambre au nord, celui de la Sarre au sud.

Les **Vosges** ont pour caractéristique le grès rouge dans la partie septentrionale, le granit dans la partie méridionale. Elles portent de belles forêts et sont bien arrosées.

Le **Jura** est formé de masses de calcaire (appelé calcaire jurassique).

Les **Alpes** sont calcaires et granitiques.

Les **Pyrénées** sont calcaires et schisteuses avec des pointements de granit et des avant-chaines de craie; on y trouve beaucoup de sources thermales.

CÔTES.

11. Côtes de la mer du Nord et de la **Manche.** — Elles se divisent en côtes de Picardie, de Normandie et de Bretagne.

La Manche communique avec la mer du Nord par le **Pas de Calais.**

Le *Griz-Nez* est un cap qui marque la partie la plus resserrée du détroit entre la France et l'Angleterre, environ 30 kilomètres.

La côte de **Picardie** est creusée par la baie de *Somme.*

La côte de **Normandie** est creusée par la baie de la *Seine*, limitée au nord par le cap d'*Antifer*. Elle est bordée par les rochers du Calvados.

La presqu'île du **Cotentin**, terminée par la pointe de *Barfleur* et le cap de la *Hague*, sépare les côtes de Normandie des côtes de Bretagne.

La côte de **Bretagne** est rocheuse, bordée d'îlots et d'écueils, et creusée par des baies nombreuses.

Les principales sont : le golfe de *Saint-*

Malo, avec la baie de *Michel* et la baie de *Saint-Brieuc ;* cette dernière s'étend entre le cap Frehel et le sillon de Talbert.

Entre le Cotentin et les côtes de Bretagne sont les îles anglo-normandes, qui appartiennent à l'Angleterre.

La côte de Bretagne se termine à l'ouest par la pointe de **Saint-Mathieu** ; elle est prolongée par l'île d'**Ouessant.**

12. Côtes de l'Atlantique. — Elles se

divisent en côtes de Bretagne, de Vendée, du Poitou et de Gascogne.

La côte de **Bretagne** est toujours rocheuse, creusée de nombreux golfes, bordée d'îles. On trouve successivement la baie de *Douarnenez*, la pointe de *Penmarch*, les îles de *Glenans*, de *Groix*, le golfe du **Morbihan**, **Belle-Île**, la pointe du *Croisic* et celle de *Saint-Gildas*, entre lesquelles s'ouvre l'estuaire de la Loire.

La côte de **Vendée**, basse et sablonneuse, est bordée par les îles de *Noirmoutiers* et d'*Yeu*.

La côte du **Poitou** se creuse en un golfe profond où tombe la Sèvre et qui est bordé de *marais salants*. Il est fermé par l'île de **Ré**, qui est séparée de la côte par le *Pertuis breton*.

L'île d'**Oléron**, séparée par le *Pertuis d'Antioche*, ferme la rade de l'île d'**Aix**, à l'embouchure de la Charente.

Entre la pointe de la *Coubre* et la pointe de *Grave* s'ouvre l'estuaire de la Gironde.

La côte de **Gascogne** est bordée de dunes et d'étangs que l'on a fait communiquer par des canaux avec le bassin d'*Arcachon*.

Elle est rocheuse près des Pyrénées.

13. Côtes de la Méditerranée. — Elles se divisent en côtes de Languedoc à l'ouest du delta du Rhône et côtes de Provence à l'est.

La côte de **Languedoc** forme le golfe du Lion. Elle est basse, sablonneuse, bordée d'étangs et de marais salants : étangs de *Leucate*, de *Thau*, de *Valcarès*.

La côte de **Provence** est escarpée, creusée de nombreuses baies, bien exposée au soleil et jouit, pendant l'hiver, d'un climat particulièrement doux.

On y remarque l'étang de *Berre*, les caps *Sicié* et *Sepet*, qui protègent la rade de Toulon, les îles **Hyères**, etc.

14. Corse. — A 170 kilomètres en mer, en face le golfe de Gènes, est l'île de **Corse**, terminée au nord par le cap Corse et séparée de la Sardaigne par le détroit des *Bouches de Bonifacio*. Ses côtes occidentales sont creusées par de nombreux golfes, dont le plus important est celui d'Ajaccio.

MONTAGNES.

15. Les principaux massifs montagneux de la France sont : le *Massif central*, le *Massif breton*, les *Pyrénées*, les *Alpes*, le *Jura*, les *Vosges*, les *Ardennes*.

16. Le **Massif central**, au centre de la France, se compose d'un ensemble de montagnes et de plateaux, en grande partie de formation granitique et peu fertiles.

A peu près au milieu du massif est la chaîne volcanique des **monts d'Auvergne**, dont les cimes notables sont : le *Puy de Sancy*, point culminant de la France centrale (1,886 mètres), le *Puy de Dôme*, au-dessus de Clermont-Ferrand, le *Plomb du Cantal*, par lequel cette chaîne se rattache aux **monts d'Aubrac** et aux vastes plateaux stériles des *Causses*.

Les **Cévennes méridionales**, qui sont d'âpres montagnes, bordent le massif du côté du sud-est. Elles se terminent au mont *Lozère*.

Les **Cévennes septentrionales**, formées des monts du Vivarais, du Lyonnais, du Beaujolais et du Charollais, sont moins élevées. Le *Gerbier des Joncs* et le mont *Mézenc*, près des sources de la Loire, en sont les sommets principaux.

Les monts du **Velay** et du **Forez** séparent la Loire de l'Allier.

Les monts de la **Margeride** séparent l'Allier du Lot.

Au nord, les monts du **Morvan** forment un petit massif boisé, d'une altitude moyenne de 800 à 900 mètres.

A l'ouest, l'arête du Massif central se prolonge par les monts du **Limousin** et de la **Marche**.

17. Dans l'ouest de la France, le **Massif breton**, ou monts de **Bretagne**, est formé de montagnes de hauteur moyenne, de 300 à 400 mètres environ, en grande partie d'origine granitique.

Il a pour dépendances naturelles : au nord-est, les **collines de Normandie**, où se trouve le **Bocage normand**, riche en pâturages et en bois; au sud-est, le **Bocage vendéen**, peu élevé mais très accidenté, couvert d'arbres, sillonné de chemins creux.

18. Les **Pyrénées** forment, entre la France et l'Espagne, une épaisse chaîne très difficilement franchissable. Il n'y a de routes carrossables qu'aux deux extrémités. Les sommets les plus élevés sont au centre de la chaîne, où la *Maladetta* (3.404 mètres) est le point culminant. Le mont *Canigou* (2,785 mètres), dans les Pyrénées orientales, le pic du *Midi de Bigorre* dans une avant-chaîne du nord, sont parmi les cimes les plus notables.

19. Les **Alpes**, qu'on appelle Alpes occidentales pour les distinguer des Alpes centrales et orientales, forment, entre la France et l'Italie, un épais massif que l'on divise en :

Alpes maritimes du col de Tende au col de Larche.

Alpes Cottiennes, du col de Larche au col du Mont-Cenis.

Alpes Graïes, du col du Mont-Cenis au col du Petit-Saint-Bernard.

Mont Blanc, entre les cols du Petit et du Grand-Saint-Bernard.

A l'ouest de la chaîne principale, qui forme la ligne de séparation des eaux entre les versants français et italien, sont des chaînes latérales ou *avant-chaînes* qui forment des massifs également importants :

Les *Alpes de Provence*, les *Alpes du Dauphiné*, les *Alpes de Savoie*.

Il y a cinq routes carrossables et un chemin de fer entre la France et l'Italie. Ce sont : les routes du col de Tende, du col de Larche, du Mont-Genèvre, du Mont-Cenis, du Petit-Saint-Bernard, et le tunnel du Mont-Cenis.

Il y a en outre un très grand nombre de chemins de mulets, particulièrement dans les Alpes Cottiennes.

Les sommets les plus remarquables sont : le **mont Blanc** (4,810 mètres), la cime la plus élevée de l'Europe, qui domine une masse imposante de neiges éternelles et de glaciers; le *mont Pelvoux* (4,103 mètres), dans les Alpes du Dauphiné, qui domine également une masse considérable de rochers et de glaciers.

20. Le **Jura** est un vaste plateau. Il se termine, à l'ouest, du côté de la Saône, par une ligne de coteaux; à l'est, du côté de la Suisse, par une crête de montagnes boisées. Ses plus hauts sommets n'atteignent pas la moitié de la hauteur de ceux des Alpes; le point culminant est le *Crêt de Neige* (1,723 mètres).

Le Jura est séparé des Alpes par le défilé du Rhône en aval de Genève; il est séparé des Vosges par la trouée de Belfort.

21. Les **Vosges** sont de belles montagnes couvertes de grandes forêts. Elles bordent, à l'ouest, la vallée du Rhin. Dans la partie méridionale, la plupart de leurs sommets portent le nom de *Ballons*. Ils sont gazonnés et de formes arrondies.

On divise les Vosges en *Vosges méridionales* et en *Vosges septentrionales*.

Les **Vosges méridionales**, depuis le Ballon d'Alsace jusqu'à *Saverne*, sont les plus élevées. Le point culminant est au *Ballon de Guebviller* (1,426^m) sur le versant alsacien.

La crête des Vosges, depuis le Ballon d'Alsace jusqu'au Donon, forme la limite entre la France et l'Alsace-Lorraine.

Les Vosges septentrionales ne sont plus sur le territoire français.

22. On donne le nom de **monts Faucilles** et de **plateau de Langres** aux collines qui rattachent les Vosges au Morvan en formant la ceinture du bassin de la Saône.

23. Les **Ardennes** sont de hauts plateaux sans faîte marqué, couverts de forêts, avec un grand nombre de marécages, appelés *fagnes* ou fanges.

Les Ardennes se prolongent, au sud, par les collines boisées de l'**Argonne**, sur la rive gauche de la Meuse. Sur la rive droite de la Meuse, se trouvent les **Côtes lorraines**.

FLEUVES ET RIVIÈRES.

24. Le territoire de la France se décompose en **deux grands versants:** le versant de l'océan **Atlantique,** et le versant de la **Méditerranée.**

Le versant de l'océan Atlantique se subdivise en versants de la **mer du Nord,** de la **Manche,** de l'océan **Atlantique** proprement dit et du golfe de **Gascogne.**

Le territoire de la France se partage en **cinq** grands bassins fluviaux : ceux de la mer du **Nord,** de la **Seine,** de la **Loire,** de la **Garonne** et du **Rhône,** et en un certain nombre de bassins secondaires.

25. Le versant de la mer du Nord comprend les bassins des rivières tributaires du **Rhin,** de la *Meuse* et de l'*Escaut.*

Le versant de la Manche comprend le bassin principal de la **Seine** et plusieurs bassins secondaires.

Le versant de l'océan Atlantique comprend les deux bassins de la **Loire** et de la **Garonne** et plusieurs bassins secondaires.

Le versant de la Méditerranée comprend le bassin du **Rhône** et plusieurs bassins secondaires.

Les bassins moyens et inférieurs de la Seine, de la Garonne et du Rhône sont d'anciens bassins maritimes offrant une certaine régularité de conformation géologique.

Au contraire, le bassin fluvial de la Loire ne formait pas un bassin maritime. Il appartient à trois régions : celle du Centre par ses vallées supérieures, celle de Paris par le cours moyen du fleuve, celle du nord-ouest par son cours inférieur.

CANAUX.

26. La plupart des grandes rivières de la France sont naturellement navigables, ou ont été canalisées ; des canaux de jonction font communiquer leurs bassins entre eux.

La **Seine** communique avec l'Escaut et avec la Somme, par l'Oise et le **canal de Saint-Quentin** ;

Avec la Meuse, par l'Oise et le **canal de la Sambre** ;

Avec la Meuse, par l'Aisne et le **canal des Ardennes** ;

Avec la Meuse, la Moselle et le Rhin par le **canal de la Marne au Rhin** ;

Avec le Rhône, par le **canal de la Marne à la Saône** ;

Avec le Rhône, par l'Yonne, le **canal de Bourgogne** et la Saône ;

Avec la Loire, par l'Yonne et le **canal du Nivernais** ;

Avec la Loire, par le Loing et les **canaux d'Orléans et de Briare**.

Dans l'intérieur du bassin, un canal fait communiquer la Marne et l'Aisne par Reims.

Un canal fait communiquer l'Aisne et l'Oise dans le prolongement du précédent.

27. L'**Escaut** est en relation avec la Meuse par le canal de Saint-Quentin, l'Oise et la Sambre.

Parallèlement à la frontière du Nord, une série de canaux réunissent toutes les rivières du bassin de l'Escaut, entre Bouchain sur l'Escaut, Dunkerque et Calais sur la mer.

28. La **Loire** communique avec la Seine par les canaux du Nivernais, d'Orléans et de Briare, cités plus haut ;

Avec les côtes de Bretagne, par le canal **de Nantes à Brest** et par le canal d'**Ille-et-Rance**, qui s'embranche sur le précédent ;

Avec le Rhône, par le **canal du Centre**.

Dans l'intérieur du bassin, le Cher communique avec la Loire par le **canal du Berri**.

29. Le **Rhône** communique avec la Seine par le **canal de la Marne à la Saône** et par le **canal de Bourgogne** ;

Avec la Loire, par le **canal du Centre** ;

Avec le Rhin, par le **canal du Rhône au Rhin** ;

Avec la Moselle, par le **canal de l'Est** ;

Avec la Garonne, par le **canal de Beaucaire**, le **canal des Étangs** et le **canal du Midi**, qui prolonge le canal latéral à la Garonne.

Les embouchures du Rhône n'étant pas facilement navigables, on a dû y suppléer en ouvrant le **canal d'Arles** entre cette ville et le port de Bouc.

30. La **Garonne** communique avec le Rhône par le **canal du Midi**.

Il n'existe pas de communication, par canal, entre la Loire et la Garonne.

Quelles sont les frontières de la France ?

Indiquez les principales lignes de symétrie de la France .

Quels sont les principaux massifs de montagnes de la France ?

Quelles sont les grandes régions naturelles ? (Carte page 14.)

Décrivez les côtes de la mer du Nord et de la Manche. — Les côtes de l'Atlantique. — Les côtes de la Méditerranée. (Carte page 18.)

Décrivez le massif central, — le massif breton, — les Pyrénées, — les Alpes, — le Jura, — les Vosges, — les Ardennes.

Quel est le point le plus élevé du massif central ? — des Alpes ? — des Pyrénées ? — du Jura ? — des Vosges ? (Carte page 16.)

Quels sont les grands bassins fluviaux de la France ?

Quels sont les canaux de jonction entre les bassins ?

MONTAGNES FRANÇAISES

Cirque de Gavarnie.

Glacier du Rhône.

Puy de Dôme.

Comme les limites de séparation des bassins fluviaux sont plus faciles à reconnaître que celles des régions naturelles, l'habitude a été prise, pour faciliter la description de la France, d'adopter la division en bassins fluviaux.

En regard de la carte physique du bassin, on trouvera la carte politique indiquant les départements dont les chefs-lieux sont compris dans le bassin ; mais les divisions du territoire par départements ne concordent ni avec les divisions par bassins ni avec les divisions par régions naturelles.

On remarquera que les départements sont groupés en nombre à peu près égal dans chaque bassin ; savoir :

22 départements dans le **bassin de la Seine** ;

21, dans le **bassin de la Loire** ;

20, dans le **bassin de la Garonne** ;

23, dans le **bassin du Rhône**.

L'**élève** doit s'attacher d'abord à bien connaître les détails de la géographie physique, c'est-à-dire les côtes, les montagnes et les rivières, savoir les décrire sur la carte muette, et s'exercer à les tracer de mémoire, en plaçant les villes principales.

L'étude de la géographie politique, c'est-à-dire des divisions administratives, ne doit venir qu'ensuite. Comme les départements portent des noms tirés des rivières, des montagnes ou de quelque accident remarquable du sol, il sera facile à l'élève d'en retrouver la place sur la carte, quand il connaîtra bien la géographie physique.

Quant aux noms des préfectures (et à ceux des sous-préfectures, si on juge utile de les faire apprendre), ils devront être sus par cœur. Dans le tableau placé sous la carte politique, les départements sont rangés dans un ordre naturel qui aide la mémoire et les sous-préfectures, dans l'ordre de leur situation géographique, du nord au sud.

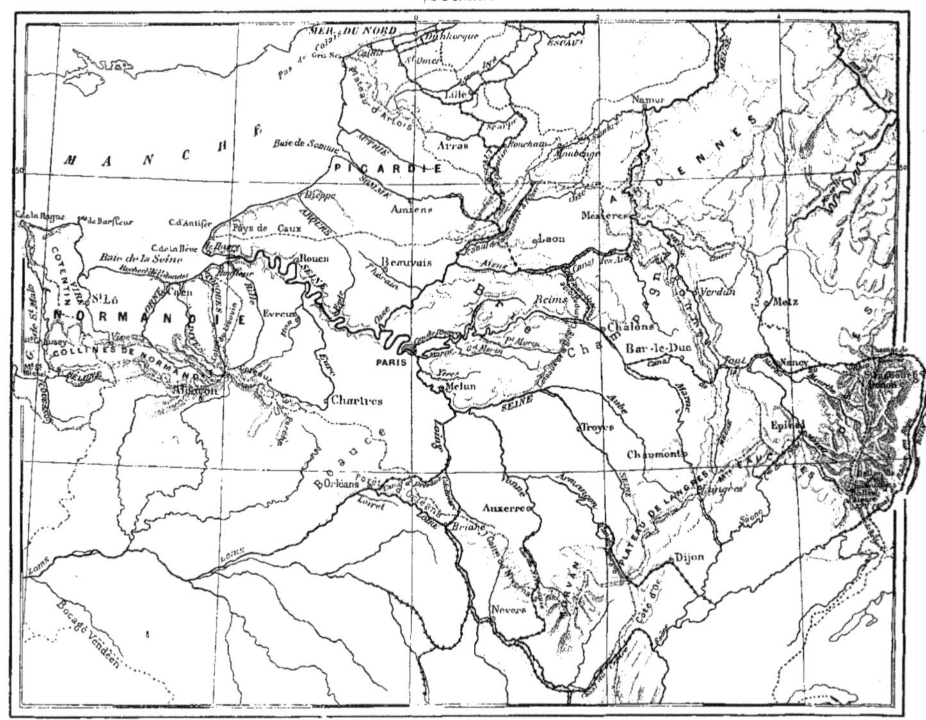

31. Le **bassin de la Seine** correspond à la région de Paris; il est borné par les *collines de Normandie*, les *coteaux du Perche*, le *plateau de la Beauce* et de la *forêt d'Orléans*, les *collines du Nivernais*, le *Morvan*, le *plateau de Langres*, l'*Argonne*, les *Ardennes*, le *plateau d'Artois*.

Le bassin particulier de la Seine est borné à l'ouest par les *collines du Lieuvin*, à l'est par les *collines du pays de Caux*.

Les *coteaux de la Brie champenoise* forment, autour de Paris, la ceinture du *plateau de la Brie*.

La **Seine** prend sa source dans un vallon du plateau de Langres. Elle arrose *Troyes*, *Melun*, serpente dans une fertile vallée entre deux rangées de coteaux. Elle traverse **Paris**, *Rouen*, et se jette dans la Manche entre Honfleur et *le Havre*.

32. Les affluents de la rive gauche de la Seine sont : l'*Yonne*, qui vient du Morvan, arrose *Auxerre* et reçoit l'*Armançon;* le *Loing;* l'*Eure* qui passe à *Chartres* et reçoit l'*Iton* qui arrose *Évreux;* la *Rille*.

Les affluents de la rive droite sont : l'*Aube;* la **Marne**, qui prend sa source près de Langres, arrose *Chaumont* et *Châlons;* l'**Oise**, qui prend sa source en Belgique près de la frontière et qui reçoit l'*Aisne;* l'*Epte*.

33. Bassins côtiers. — Les principales rivières qui se jettent dans la Manche à l'ouest de la Seine sont : la *Touques*, la *Dives*, l'**Orne**, qui arrose *Caen*, la *Vire*, la *Sélune* et le *Couesnon*.

Celles qui se jettent au nord de la Seine sont l'*Arques*, qui coule dans le pays de Caux et finit à Dieppe; la **Somme**, qui arrose *Amiens;* l'*Authie*.

34. Bassins de la mer du Nord. — Ils ont pour limite méridionale le *plateau d'Artois*, la *plaine du Vermandois*, l'*Ardenne*, l'*Argonne*, le *plateau de Langres*, les *Faucilles*, les **Vosges;** ils comprennent les cours supérieurs de l'Escaut, de la Meuse et de la Moselle.

35. L'**Escaut** a sa source dans la plaine du Vermandois. Ses principaux affluents en France sont la *Scarpe*, qui passe à Arras et la *Lys*.

36. La **Meuse** a sa source à l'extrémité du plateau de Langres. Elle coule vers le nord dans un bassin étroit, bordé par des coteaux. Elle arrose *Verdun*, *Mézières* et traverse les Ardennes par un long défilé.
Ses principaux affluents sont :
A droite, la *Chiers* et à gauche, la *Sambre*, dont le confluent est en Belgique.

Le **Rhin** ne forme plus la frontière de France depuis la guerre de 1870.
Le seul affluent de ce fleuve qui arrose encore le territoire français est la Moselle.

La **Moselle** prend sa source dans les Vosges, passe à *Épinal*, *Toul*, coupe la frontière et passe à **Metz**. Elle reçoit la *Meurthe*. qui passe à *Nancy*

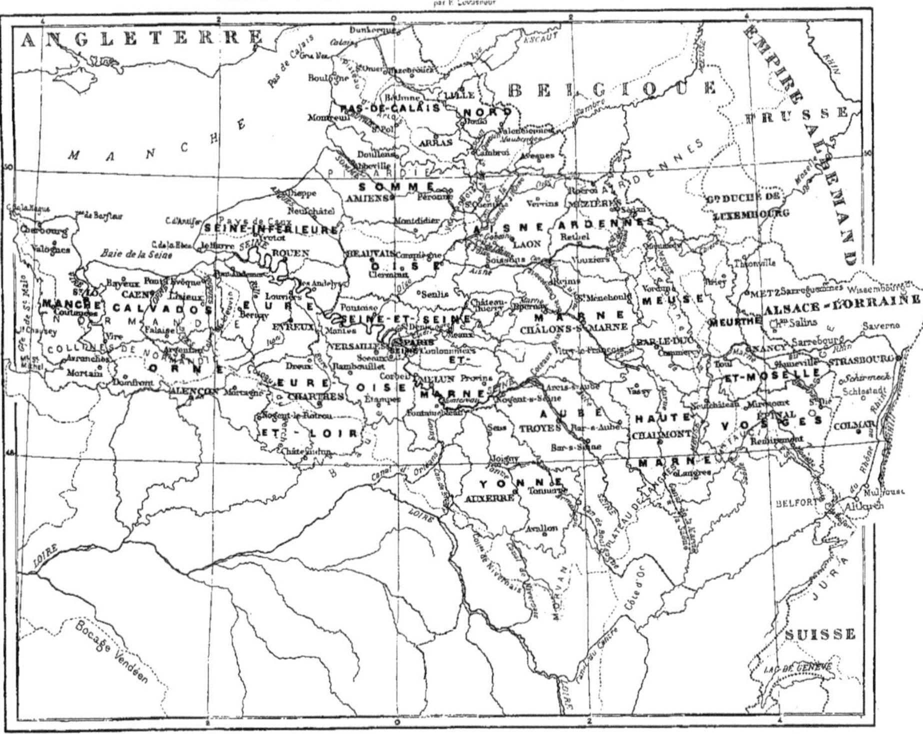

37. Après la guerre de 1870, la France a perdu :

1° La *Lorraine septentrionale*, qui formait le département de la **Moselle**, ch.-l. Metz;

2° L'*Alsace*, qui formait les départements du **Haut-Rhin**, ch.-l. Colmar, et du **Bas-Rhin**, ch.-l. Strasbourg;

3° Les arrondissements de *Château-Salins* et de *Sarrebourg*, qui appartenaient au département de la **Meurthe;**

4° Le canton de *Schirmeck*, qui appartenait au département des **Vosges**.

Ces territoires forment aujourd'hui une province de l'Empire allemand sous le nom d'**Alsace-Lorraine**, avec Strasbourg pour chef-lieu.

De l'Alsace, la France ne possède plus que le **Territoire de Belfort**, qui appartient au bassin du Rhône. Les parties des départements de la Meurthe et de la Moselle qui lui sont restées ont été réunies pour former le département de **Meurthe-et-Moselle**.

38. On compte **22 départements** dont les chefs-lieux sont compris dans les bassins de la Seine et de la mer du Nord. Ce sont :

1° En suivant la côte :

Nord, ch.-l. Lille. — S.-p. *Dunkerque, Hazebrouck, Douai, Valenciennes, Cambrai, Avesnes.*

Pas-de-Calais, ch.-l. Arras. — S.-p. *Saint-Omer, Boulogne, Béthune, Montreuil, Saint-Pol.*

Somme, ch.-l. Amiens. — S.-p. *Doullens, Abbeville, Péronne, Montdidier*

Seine-Inférieure, ch.-l. Rouen. — S.-p. *Dieppe, Neufchâtel, Yvetot, le Havre.*

Oise, ch.-l. Beauvais. — S.-p. *Compiègne, Clermont, Senlis.*

Eure, ch.-l. Évreux. — S.-p. *Pont-Audemer, les Andelys, Louviers, Bernay.*

Eure-et-Loir, ch.-l. Chartres. — S.-p. *Dreux, Nogent-le-Rotrou, Châteaudun.*

Calvados, ch.-l. Caen. — S.-p. *Bayeux, Pont-l'Évêque, Lisieux, Falaise, Vire.*

Orne, ch.-l. Alençon. — S.-p. *Argentan, Domfront, Mortagne.*

Manche, ch.-l. Saint-Lô. — S.-p. *Cherbourg, Valognes, Coutances, Avranches, Mortain.*

2° En suivant la frontière :

Aisne, ch.-l. Laon. — S.-p. *Saint-Quentin, Vervins, Soissons, Château-Thierry.*

Ardennes, ch.-l. Mézières. — S.-p. *Rocroi, Sedan, Rethel, Vouziers.*

Meuse, ch.-l. Bar-le-Duc. — S.-p. *Montmédy, Verdun, Commercy.*

Meurthe-et-Moselle, ch.-l. Nancy. — S.-p. *Briey, Toul, Lunéville.*

Vosges, ch.-l. Épinal. — S.-p. *Neufchâteau, Mirecourt, Saint-Dié, Remiremont.*

3° En remontant le cours de la Seine :

Seine-et-Oise, ch.-l. Versailles. — S.-p. *Pontoise, Mantes, Rambouillet, Corbeil, Étampes.*

Seine, ch.-l. Paris. — S.-p. *Saint-Denis, Sceaux.*

Seine-et-Marne, ch.-l. Melun. — S.-p. *Meaux, Coulommiers, Provins, Fontainebleau.*

Marne, ch.-l. Chalons-sur-Marne. — S.-p. *Reims, Sainte-Menehould, Epernay, Vitry-le-François.*

Haute-Marne, ch.-l. Chaumont. — S.-p. *Vassy, Langres.*

Aube, ch.-l. Troyes. — S.-p. *Arcis-sur-Aube, Nogent-sur-Seine, Bar-sur-Aube, Bar-sur-Seine.*

Yonne, ch.-l. Auxerre. — S.-p. *Sens, Joigny, Tonnerre, Avallon.*

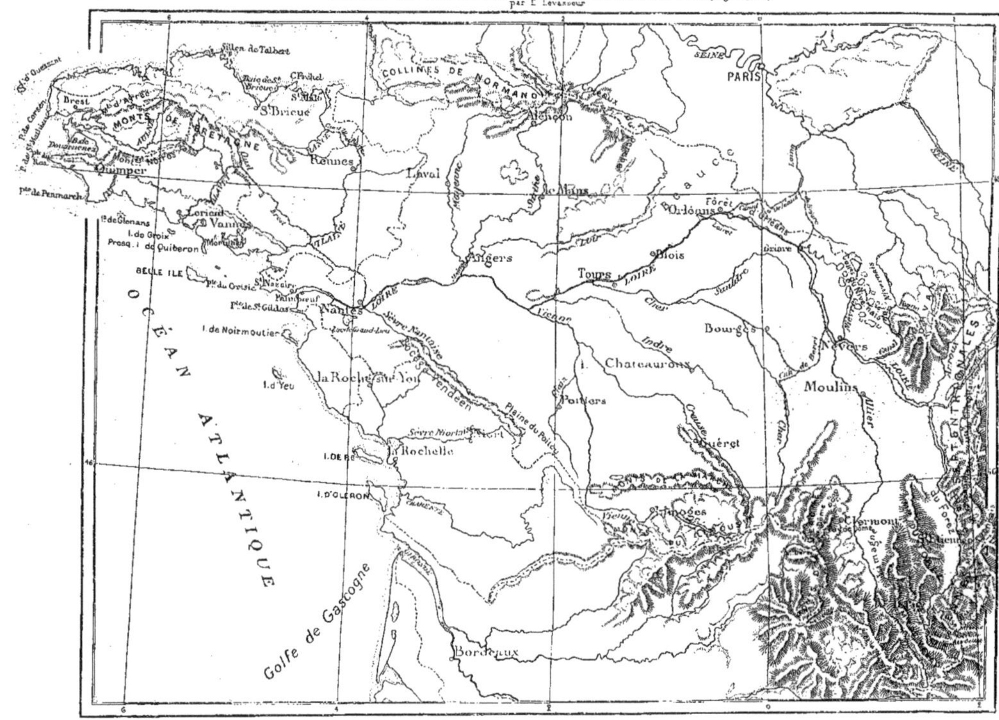

39. Le bassin de la Loire appartient à la région du centre par les hautes vallées de ses affluents de gauche ; à la région de Paris par le cours moyen du fleuve ; à la région bretonne et vendéenne par son cours inférieur.

Il est borné par le *Bocage vendéen*, l'arête du *Massif central*, les *Cévennes*, le *Morvan*, les *collines du Nivernais*, le plateau de la *Forêt d'Orléans* et de la *Beauce*, les *coteaux du Perche*, les *collines de Normandie* dont le plus haut sommet ne dépasse guère 400 mètres.

A l'ouest des collines de Normandie, la presqu'île de Bretagne est traversée par les **monts de Bretagne**, qui sont un peu moins élevés que les collines de Normandie et qui se terminent, à l'ouest, par les *monts d'Arrée* et les *montagnes Noires*.

La **Loire** est le plus long fleuve de la France ; elle a environ 1,000 kilomètres de cours.

Elle prend sa source dans le Vivarais, au mont *Gerbier-des-Joncs*. Elle coule vers le nord dans une étroite vallée, passe près du *Puy* et arrose la petite plaine du *Forez*. Elle se dégage du massif du Morvan, près de *Nevers*, coule par *Orléans*, *Blois*, *Tours*, *Nantes* et se jette dans l'océan Atlantique, entre *Paimbœuf* et *Saint-Nazaire*.

La Loire est sujette à des crues dangereuses. Pendant l'été son niveau est très bas ; aussi est-elle difficilement navigable en amont de Tours.

40. Les principaux affluents de la rive gauche viennent du Massif central :

L'Allier coule vers le nord, arrose la plaine de la Limagne, passe près de *Clermont* et à *Moulins*.

Le *Loiret* est une rivière de peu d'étendue, mais qui porte bateau à sa source.

Le *Cher* reçoit la *Sauldre*.

L'*Indre* arrose *Châteauroux*.

La *Vienne* arrose *Limoges* ; elle reçoit, sur sa rive droite, la *Creuse*, et, sur sa rive gauche, le *Clain*, qui passe à *Poitiers*.

La *Sèvre nantaise* descend du Bocage vendéen.

La Loire reçoit aussi les eaux du *lac de Grand-Lieu*.

Dans son cours supérieur, la Loire reçoit peu d'affluents sur sa rive droite. Les principaux sont : l'*Arroux*, grossi de la *Bourbince* ; et la *Nièvre*, qui descendent du Morvan.

Dans la partie inférieure de son cours, le principal affluent de droite est la *Maine*, qui est formée, près d'*Angers*, de la réunion de la *Mayenne* et de la *Sarthe* grossie du *Loir*. La Sarthe arrose *Alençon* et le *Mans* ; la Mayenne arrose *Laval*.

41. Bassins côtiers. — Au nord de la Loire, les petits fleuves du bassin de l'Atlantique sont :

La **Vilaine**, qui passe à *Rennes* et reçoit l'*Ille*.

Le *Blavet*, qui forme le port de *Lorient*.

L'*Aulne*, qui se jette dans la rade de *Brest*

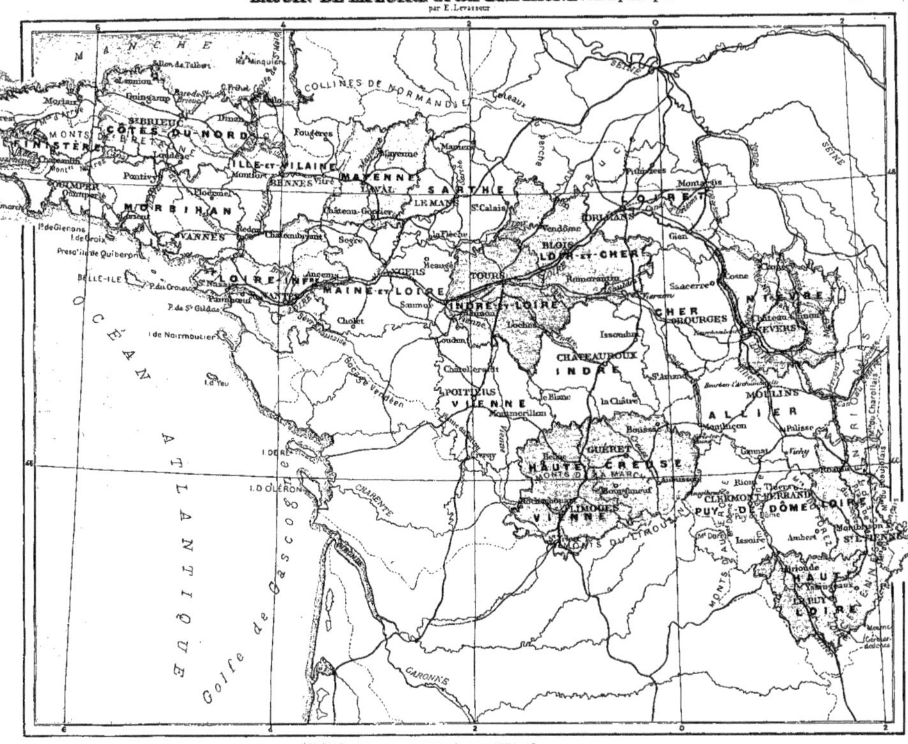

42. On compte **21 départements** dont les chefs-lieux sont compris dans les bassins de la Loire et dans les bassins côtiers voisins. Ce sont :

1° En suivant la côte :

Ille-et-Vilaine, ch.-l. RENNES. — S.-p. *Saint-Malo, Fougères, Montfort, Vitré, Redon.*

Côtes-du-Nord, ch.-l. SAINT-BRIEUC. — S.-p. *Lannion, Guingamp, Dinan, Loudéac.*

Finistère, ch.-l. QUIMPER. — S.-p. *Morlaix, Brest, Châteaulin, Quimperlé.*

Morbihan, ch.-l. VANNES. — S.-p. *Pontivy, Ploermel, Lorient.*

Loire-Inférieure, ch.-l. NANTES. — S.-p *Châteaubriant, Ancenis, Saint-Nazaire, Paimbeuf.*

2° Au nord de la Loire :

Mayenne, ch.-l. LAVAL. — S.-p. *Mayenne, Château-Gontier.*

Sarthe, ch.-l. LE MANS. — S.-p. *Mamers, Saint-Calais, La Flèche.*

3° En remontant dans la direction du cours du fleuve :

Maine-et-Loire, ch.-l. ANGERS. — S.-p. *Segré, Beaugé, Saumur, Cholet.*

Indre-et-Loire, ch.-l. TOURS. — S.-p. *Chinon, Loches.*

Loir-et-Cher, ch.-l. BLOIS. — S.-p. *Vendôme, Romorantin.*

Loiret, ch.-l. ORLÉANS. — S.-p. *Pithiviers, Montargis, Gien.*

Cher, ch.-l. BOURGES. — S.-p *Sancerre, Saint-Amand.*

Nièvre, ch.-l. NEVERS. — S.-p. *Clamecy, Cosne, Château-Chinon.*

Allier, ch.-l. MOULINS. — S.-p. *Montluçon, La Palisse, Gannat.*

Loire, ch.-l. SAINT-ÉTIENNE. — S.-p. *Roanne, Montbrison.*

Haute-Loire, ch.-l. LE PUY. — S.-p. *Brioude, Yssingeaux.*

4° Au sud de la Loire :

Vienne, ch.-l. POITIERS. — S.-p. *Loudun, Châtellerault, Montmorillon, Civray.*

Haute-Vienne, ch.-l. LIMOGES. — S.-p. *Bellac, Rochechouart, Saint-Yrieix.*

Indre, ch.-l. CHATEAUROUX. — S.-p. *Issoudun, Le Blanc, La Châtre.*

Creuse, ch.-l. GUÉRET. — S.-p *Boussac, Aubusson, Bourganeuf.*

Puy-de-Dôme, ch.-l. CLERMONT-FERRAND. — S.-p. *Riom, Thiers, Issoire, Ambert.*

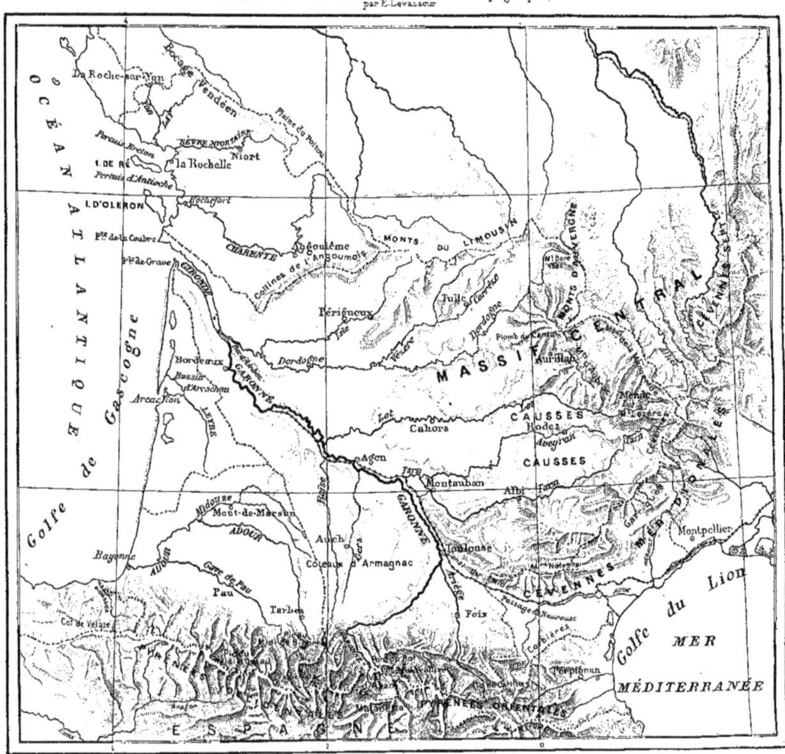

43. Le bassin de la Garonne, avec ses bassins secondaires, correspond à la région du sud-ouest et à la région du Midi-Pyrénéenne.

Il est borné par les *Pyrénées,* les *Cévennes méridionales,* l'arête du *Massif central,* le *Bocage vendéen.*

Les *collines de l'Angoumois* séparent le bassin de la Garonne du bassin secondaire de la Charente.

Le *plateau du Poitou* et les collines du **Bocage vendéen** enveloppent au nord le bassin secondaire de la Sèvre Niortaise.

La **Garonne** prend sa source dans le *Val d'Aran,* en Espagne. Elle entre en France par la gorge du Pont-du-Roi.

Elle coule vers le nord et le nord-est en contournant le pied des coteaux d'Armagnac. Elle arrose *Toulouse,* la principale ville de son bassin.

La Garonne se détourne ensuite vers le nord ouest et traverse une plaine fertile, en passant par *Agen* et *Bordeaux.*

Elle prend le nom de **Gironde** au *bec d'Ambez,* au confluent de la Dordogne. Elle se termine dans le golfe de Gascogne par un long estuaire.

44. Les principaux affluents de la rive gauche descendent des collines d'Armagnac. Ce sont : le *Gers,* qui passe à *Auch,* et la *Baïse.*

Sur sa rive droite, la Garonne reçoit les eaux de plusieurs torrents qui descendent des Pyrénées. Le principal est l'**Ariège,** qui passe à Foix.

Elle reçoit ensuite de grandes rivières : le Tarn et le Lot, dont les vallées supérieures et celles de leurs affluents sont profondément encaissées dans les plateaux des *Causses.*

Le **Tarn** passe à Albi et à Montauban ; il reçoit l'*Aveyron,* qui passe à Rodez.

Le **Lot** passe à Mende et à Cahors.

La **Dordogne,** dont la réunion avec la Garonne forme la Gironde, descend du Puy-de-Sancy (ou mont Dore) (1,886 m.) le point le plus élevé de la France centrale. Elle reçoit la *Vézère,* dont l'affluent, la *Corrèze,* passe à Tulle, et l'*Isle,* qui passe à Périgueux.

45. Bassins côtiers. — Les rivières tributaires du golfe de Gascogne sont :

Au sud : la *Bidassoa,* qui coule sur la frontière entre la France et l'Espagne ; l'**Adour,** qui passe à *Tarbes* et qui est grossi de la *Midouze* passant à *Mont-de-Marsan* et du *Gave de Pau* passant à *Pau ;* la *Leyre,* qui se jette dans le bassin d'Arcachon.

Au nord : la **Charente,** qui arrose *Angoulême* et dont l'estuaire forme le port de Rochefort.

La *Sèvre-Niortaise,* qui arrose *Niort.*

Le *Lay* grossi de l'*Yon,* qui arrose *La Roche-sur-Yon.*

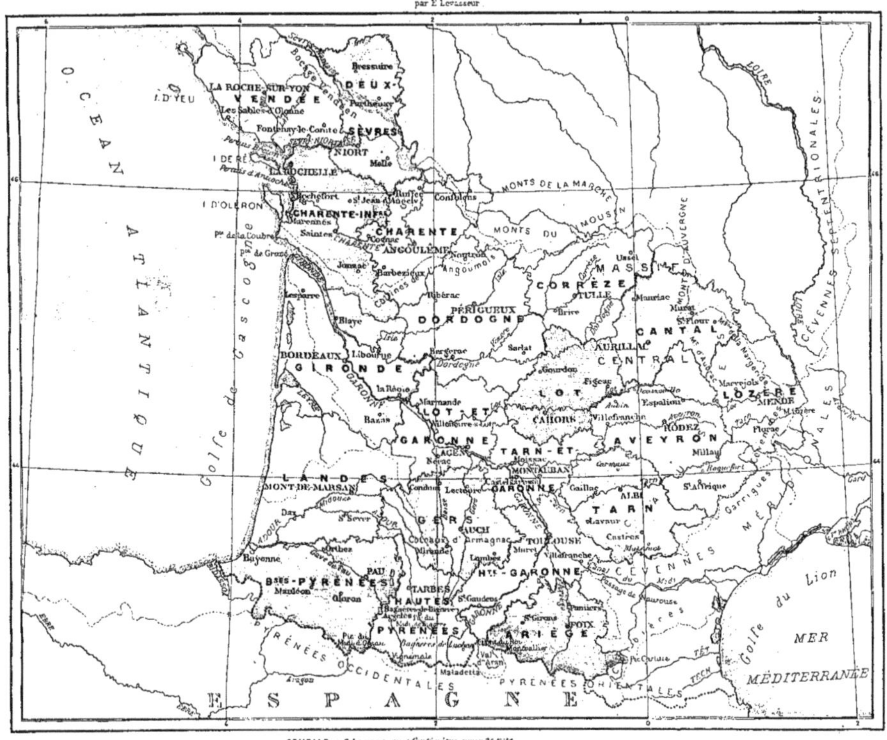

---

46. On compte **20 départements** dont les chefs-lieux sont compris dans le bassin de la Garonne et dans les bassins côtiers voisins :

1° En suivant la côte :

Vendée, ch.-l. LA ROCHE-SUR-YON. — S.-p. *Les Sables d'Olonne, Fontenay-le-Comte.*

Charente-Inférieure, ch.-l. LA ROCHELLE. — S.-p. *Rochefort, Saint-Jean-d'Angély, Marennes, Saintes, Jonzac.*

Gironde, ch.-l. BORDEAUX. — S.-p. *Lesparre, Blaye, Libourne, La Réole, Bazas.*

Landes, ch.-l. MONT-DE-MARSAN. — S.-p. *Dax, Saint-Sever.*

Basses-Pyrénées, ch.-l. PAU. — S.-p. *Orthez, Bayonne, Mauléon, Oloron.*

2° En suivant la frontière :

Hautes-Pyrénées, ch.-l. TARBES. — S.-p. *Bagnères-de-Bigorre, Argelès.*

Haute-Garonne, ch.-l. TOULOUSE. — S.-p. *Muret, Villefranche, Saint-Gaudens.*

Ariège, ch.-l. FOIX. — S.-p. *Pamiers, Saint-Girons.*

3° Au sud de la Garonne.

Gers, ch.-l. AUCH. — S.-p. *Condom, Lectoure, Mirande, Lombez.*

4° En remontant le cours de la Garonne :

Lot-et-Garonne, ch.-l. AGEN. — S.-p. *Marmande, Villeneuve-sur-Lot, Nérac.*

Tarn-et-Garonne, ch.-l. MONTAUBAN. — S.-p. *Moissac, Castelsarrazin.*

5° Au nord de la Garonne :

Deux-Sèvres, ch.-l. NIORT. — S.-p. *Bressuire, Parthenay, Melle.*

Charente, ch.-l. ANGOULÊME. — S.-p. *Ruffec, Confolens, Cognac, Barbézieux.*

Dordogne, ch.-l. PÉRIGUEUX. — S.-p. *Nontron, Ribérac, Sarlat, Bergerac.*

Corrèze, ch.-l. TULLE. — S.-p. *Ussel, Brive.*

Lot, ch.-l. CAHORS. — S.-p. *Gourdon, Figeac.*

Cantal, ch.-l. AURILLAC. — S.-p. *Mauriac, Murat, Saint-Flour.*

Lozère, ch.-l. MENDE. — S.-p. *Marvejols, Florac.*

Aveyron, ch.-l. RODEZ. — S.-p. *Espalion, Villefranche, Millau, Saint-Affrique*

Tarn, ch.-l. ALBI. — S.-p. *Gaillac, Lavaur, Castres.*

BASSIN DU RHÔNE (Carte physique)
par E. Levasseur

47. Le **bassin du Rhône** se divise en Rhône supérieur, depuis ses sources jusqu'à Genève et qui appartient à la Suisse; en Rhône moyen, de Genève jusqu'à Valence et qui comprend le bassin de la Saône; c'est à proprement parler la région de l'Est; en Rhône inférieur qui, avec les bassins côtiers de la Méditerranée, forme la région du Midi-Maritime.

La ceinture du bassin est formée par les *Alpes*, le *Jura*, les *monts Faucilles*, le *plateau de Langres* et les *Cévennes*.

Le **Rhône** sort du glacier qui porte son nom, coule dans une étroite vallée des Alpes, le *Valais*, se perd dans le lac de Genève, en sort à Genève, contourne le Jura méridional, et se réunit à la Saône à *Lyon*.

C'est alors un grand fleuve qui court rapidement vers le midi en passant par Valence et Avignon; il entraîne avec lui de grandes quantités de limons qui se déposent vers son embouchure en formant un delta marécageux, la *Camargue*. Le Rhône se divise en plusieurs bras, dont aucun n'est navigable. Des canaux ont été construits pour relier son lit à la Méditerranée.

48. Le principal affluent du Rhône est la **Saône**, qui forme, en réalité, un bassin particulier. Elle prend sa source dans les Faucilles, passe à Chalon, Mâcon.

La Saône reçoit, sur sa rive gauche, le *Doubs*, qui descend du Jura en passant par Pontarlier, Montbéliard, Besançon.

La Saône reçoit, sur sa rive droite, de nombreux affluents, notamment le *Coney*, dont la vallée est longée par le canal de l'Est; la *Vingeanne*, longée par le canal de la Marne; l'*Ouche*, qui passe à Dijon, longée par le canal de Bourgogne; la *Dheune*, longée par le canal du Centre.

En amont de la Saône, le Rhône reçoit l'*Ain*, qui réunit la majeure partie des eaux du Jura.

Les autres affluents de la rive droite du Rhône ne sont que des torrents des Cévennes, dont les principaux sont l'*Ardèche* et le *Gard*, dangereux par leurs crues.

49. Les affluents de la rive gauche du Rhône sont tous des rivières alpestres:

L'*Arve*, qui vient du mont Blanc, finit à Genève.

Le *Fier* amène les eaux du lac d'Annecy. Plus bas se déverse le lac du *Bourget*, près duquel est Chambéry.

L'**Isère** descend du col du Petit-Saint-Bernard par la vallée de *Tarentaise* et celle du *Graisivaudan;* il passe à Grenoble et reçoit, sur sa rive gauche, l'*Arc*, qui descend du col du Mont-Cenis par la vallée de la *Maurienne ;* le *Drac* lui amène les eaux du massif du Pelvoux.

La *Drôme* vient des Alpes du Dauphiné.

La *Sorgues* prend ses sources à la célèbre *Fontaine de Vaucluse.* Elle reçoit l'*Ouvèze.*

La **Durance** descend du col du mont Genèvre par Briançon. C'est une rivière torrentueuse dans laquelle se réunissent la majeure partie des eaux des Alpes. Elle reçoit le *Verdon.*

50. Bassins côtiers. — Les petits fleuves qui se jettent directement dans la Méditerranée sont: A l'est, venant des Alpes:

L'*Arc*, qui débouche dans l'*étang de Berre;* l'*Argens;* le **Var;** la *Roya*, qui descend du col de Tende. Ses sources et son embouchure appartiennent à l'Italie.

A l'ouest, venant des Cévennes: l'**Hérault**, l'*Orb;*

Venant des Pyrénées : l'**Aude**, qui passe à *Carcassonne;* sa vallée inférieure est longée par le canal du Midi; la *Têt*, qui passe à Perpignan.

LA CORSE.

51. La Corse est située à 170 kilomètres environ des côtes de France. Elle est couverte de montagnes qui ne donnent naissance qu'à des torrents. Le plus important est le **Golo**, sur le versant oriental.

Le point culminant de l'île est au mont Cinto (2,710^m).

La Corse forme un département:

Corse, ch.-l. AJACCIO. — S.-p. *Bastia, Calvi, Corte, Sartène.*

---

52. On compte **23 départements** dont les chefs-lieux sont compris dans le bassin du Rhône et les bassins côtiers voisins.

1° En suivant la côte:

Pyrénées-Orientales, ch.-l. PERPIGNAN. — S.-p. *Prades, Céret.*

Aude, ch.-l. CARCASSONNE. — S.-p. *Castelnaudary, Narbonne, Limoux.*

Hérault, ch.-l. MONTPELLIER. — S.-p. *Lodève, Saint-Pons, Béziers.*

Gard, ch.-l. NIMES. — S.-p. *Alais, Uzès, Le Vigan.*

Bouches-du-Rhône, ch.-l. MARSEILLE. — S.-p. *Arles, Aix.*

Var, ch.-l. DRAGUIGNAN. — S.-p. *Brignolles, Toulon.*

Alpes-Maritimes, ch.-l. NICE. — S.-p. *Puget-Théniers, Grasse.*

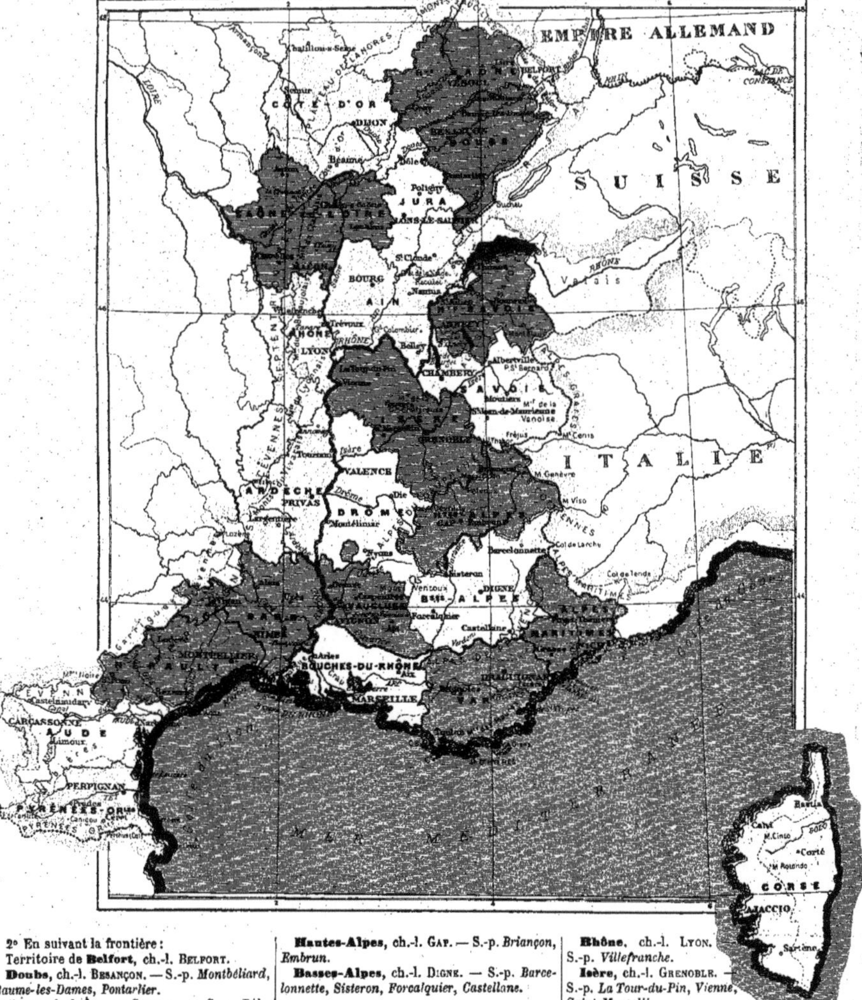

2° En suivant la frontière :

Territoire de **Belfort**, ch.-l. BELFORT.

Doubs, ch.-l. BESANÇON. — S.-p. *Montbéliard, Baume-les-Dames, Pontarlier.*

Jura, ch.-l. LONS-LE-SAUNIER. — S.-p. *Dôle, Poligny, Saint-Claude.*

Ain, ch.-l. BOURG. — S.-p. *Gex, Nantua, Trévoux, Belley.*

Haute-Savoie, ch.-l. ANNECY. — S.-p. *Thonon, Saint-Julien, Bonneville.*

Savoie, ch.-l. CHAMBÉRY. — S.-p. *Albertville, Moutiers, Saint-Jean-de-Maurienne.*

Hautes-Alpes, ch.-l. GAP. — S.-p. *Briançon, Embrun.*

Basses-Alpes, ch.-l. DIGNE. — S.-p. *Barcelonnette, Sisteron, Forcalquier, Castellane.*

3° En descendant la Saône et le Rhône :

Haute-Saône, ch.-l. VESOUL. — S.-p. *Lure, Gray.*

Côte-d'Or, ch.-l. DIJON. — S.-p. *Châtillon-sur-Seine, Semur, Beaune.*

Saône-et-Loire, ch.-l. MACON. — S.-p. *Autun, Chalon-sur-Saône, Louhans, Charolles.*

Rhône, ch.-l. LYON. — S.-p. *Villefranche.*

Isère, ch.-l. GRENOBLE. — S.-p. *La Tour-du-Pin, Vienne, Saint-Marcellin.*

Ardèche, ch.-l. PRIVAS. — S.-p. *Tournon, Largentière.*

Drôme, ch.-l. VALENCE. — S.-p. *Die, Montélimart, Nyons.*

Vaucluse, ch.-l. AVIGNON. — S.-p. *Orange, Carpentras, Apt.*

QUESTIONNAIRE.

Quelles sont les limites du bassin de la Seine?
— Suivez sur la carte muette le cours de la Seine, indiquez ses sources, nommez les départements traversés par le fleuve, avec leurs chefs-lieux. — Énumérez les affluents de la rive droite et les départements qu'ils traversent. — Énumérez les affluents de la rive gauche et les départements qu'ils traversent. — Indiquez les canaux de jonction avec la Sambre, avec la Meuse, avec la Saône, avec la Loire.

Combien de départements sont compris dans le bassin de la Seine?

Quels sont les cours d'eau des bassins côtiers de la Manche?

Répétez les mêmes questions pour chacun des bassins de la France.

Indiquez, comme pour la Seine, les limites des bassins, les départements traversés, les canaux de jonction.

Il est recommandé aux élèves de suivre attentivement les cartes lorsqu'ils lisent le texte; de s'exercer à copier la carte physique de chaque bassin, d'abord les rivières, puis les montagnes par un seul trait plus fort, placer les chefs-lieux de départements, avec leur lettre initiale.

Ils devront ensuite s'efforcer de dessiner la carte de mémoire. Ces exercices devront être répétés aussi souvent que possible, de préférence sur l'ardoise ou sur le tableau noir.

V. LA FRANCE ET SA POPULATION

1. La population française a une unité remarquable de langue, de religion, de mœurs et de coutumes. Cette unité est plus grande que dans tout autre état de l'Europe.

La religion catholique est celle de la majorité des Français ; les cultes protestant et israélite sont reconnus et protégés par l'État.

Les Français proviennent du mélange de plusieurs races, dont les principales sont : les Gaulois, les Romains, les Francs ; ces derniers étaient d'origine germanique, mais la langue et la civilisation française dérivent surtout de la langue et de la civilisation romaines ; c'est pourquoi on considère les Français comme appartenant à la famille des peuples, dits *latins*, dont font aussi partie les Espagnols, les Portugais et les Italiens.

Les **Gaulois** ou Celtes étaient les plus anciens habitants de notre pays, qui portait autrefois le nom de **Gaule** et avait pour limite naturelle le Rhin.

Les Bretons sont d'anciens Celtes et en ont conservé la langue.

Les **Romains** venus d'Italie ont conquis la Gaule ; des ruines de villes et de monuments romains se trouvent dans toute la France, mais surtout en Provence, c'est-à-dire dans l'ancienne *province romaine*.

Plus tard, des peuples germains ont traversé le Rhin et se sont établis dans la Gaule : les **Francs**, au nord, dans le bassin de la Seine ; les *Visigoths*, au sud, dans le bassin de la Garonne ; les *Bourguignons*, à l'est, dans le bassin de la Saône.

Les Francs étaient les plus puissants ; ils ont donné leur nom à la France.

Ensuite sont venus, par mer, les *Normands* ou hommes du Nord, qui se sont fixés en Normandie.

Les différences qui existaient entre ces races ont disparu, peu à peu, à mesure que se fortifiait l'unité française, définitivement consacrée au moment de la Révolution de 1789, par l'abolition des coutumes et des privilèges des Provinces. Le développement des voies de communication et surtout la construction des chemins de fer ont contribué à rendre plus intime l'union du pays et ont facilité l'échange des produits des différentes régions.

La langue germanique s'est conservée en Alsace, entre les Vosges et le Rhin ; les Alsaciens sont cependant très attachés à la patrie française.

2. On peut partager la France en dix grandes régions (voir page 13) : 1. La région de Paris ; — 2. La région du Nord ; — 3. La région du Nord-Est, — 4. La région de l'Est ; — 5. La région du Sud-Est ; — 6. La région du Midi-maritime ; — 7. La région du Midi-pyrénéenne ; — 8. La région du Sud-Ouest ; — 9. La région du Nord-Ouest ; — 10. La région du Centre.

I. — Région de Paris.

3. La région de Paris comprend les anciennes provinces de l'Ile-de-France, de la Normandie, du Maine, de la Touraine, de l'Orléanais, du Berri, du Nivernais, de la Champagne (moins le dép. des Ardennes).

Elle a la forme d'un grand bassin circulaire dont Paris occuperait le centre. C'est, en effet, un ancien bassin maritime qui a été peu à peu comblé et desséché.

L'**Ile-de-France**, cap. Soissons, a formé cinq départements : *Seine*, ch.-l. **Paris** ; *Oise*, ch.-l. Beauvais ; *Aisne*, ch.-l. Laon, *Seine-et-Oise*, ch.-l. Versailles ; *Seine-et-Marne*, ch.-l. Melun.

La **Normandie**, cap. Rouen, a formé cinq départements : *Seine-Inférieure*, ch.-l. Rouen ; *Eure*, ch.-l. Evreux ; *Calvados*, ch.-l. Caen ; *Manche*, ch.-l. Saint-Lô ; *Orne*, ch.-l. Alençon.

Le **Maine**, cap. le Mans, a formé deux départements : *Mayenne*, ch.-l. Laval ; *Sarthe*, ch.-l. le Mans.

La **Touraine**, cap. Tours, a formé un département, *Indre-et-Loire*, ch.-l. Tours.

L'**Orléanais**, cap. Orléans, a formé trois départements : *Eure-et-Loir*, ch.-l. Chartres ; *Loiret*, ch.-l. Orléans ; *Loir-et-Cher*, ch.-l. Blois.

Le **Berri**, cap. Bourges, a formé deux départements : *Cher*, ch.-l. Bourges ; *Indre*, ch.-l. Châteauroux.

Le **Nivernais**, cap. Nevers, a formé un département, *Nièvre*, ch.-l. Nevers.

La **Champagne**, cap. Troyes, a formé quatre départements : *Marne*, ch.-l. Châlons-sur-Marne ; *Aube*, ch.-l. Troyes ; *Haute-Marne*, ch.-l. Chaumont ; et *Ardennes*, ch.-l. Mézières (département compris dans la région du Nord-Est).

4. **Paris**, la capitale de la France, au centre de la région à laquelle il donne son nom, est une grande ville de plus de 2,250,000 habitants, la plus peuplée de l'Europe après Londres ; siège du gouvernement et des principaux établissements littéraires et scientifiques, c'est aussi le centre d'un commerce et d'une industrie très actifs, qui attirent les produits de toute la région et même

d'une grande partie de la France, et qui les réexportent par les grandes voies de communications qui divergent de Paris dans tous les sens.

Paris est, en outre, une grande place de guerre.

On peut dire que Paris est à la fois le cœur et la tête de la France ; c'est avec raison qu'on a accumulé autour de cette ville les plus grands moyens de défense.

L'importance de Paris et la suprématie que cette ville a acquise sont la conséquence de sa position géographique, à peu de distance de la mer et au point de convergence de trois grandes rivières, la Seine, la Marne, l'Oise, qui, avant la création des chemins de fer, étaient les principales voies commerciales du nord de la France.

A peu de distance, **Versailles**, ancienne résidence des rois de France depuis Louis XIV, est en quelque sorte, une dépendance de Paris.

5. Dans toute la région parisienne, la culture est très florissante, le climat est tempéré, la moyenne annuelle de la température est de 11° environ.

Autour de l'Ile-de-France qui a été le noyau de la nationalité française, se groupent les contrées agricoles de la *Beauce*, avec les villes voisines, Chartres et Orléans ; de la *Touraine*, avec Tours ; de la *Brie*, dont le centre est Melun ; du *Beauvaisis*, dont le centre est Beauvais, fabrique de tapisseries.

Ces contrées fertiles sont entourées, comme d'un anneau, de terres moins fécondes, la Champagne crayeuse, que l'on appelle *Champagne pouilleuse*, la *Sologne*, aux terres marécageuses, les *collines du Perche* au nord-ouest, celles du *Vermandois* au nord-est.

Soissons (départ. de l'Aisne), très ancienne ville de l'Ile-de-France, est dans une région à la fois agricole et industrielle ; nombreuses fabriques de sucre. A Saint-Gobain, célèbre manufacture de glaces ; à Saint-Quentin, cotonnades et blanchisseries.

Laon, dans une très forte position, est le noyau d'une région fortifiée, appelée le massif de Saint-Gobain.

Les coteaux de la *Champagne* produisent des vins renommés dans le monde entier ; les terres crayeuses de la *Champagne pouilleuse*, dans lesquelles se trouve le camp de Châlons, nourrissent de nombreux troupeaux de moutons.

Le centre principal du commerce des vins et de l'industrie des laines est à **Reims**, grande ville qui compte près de 100,000 habitants et où se faisait autrefois le couronnement des rois de France.

Troyes est le centre de nombreuses fabriques de bonneterie.

Le *Berri*, dont le centre est Bourges, grands établissements d'artillerie, nourrit des moutons estimés.

2**

Le *Nivernais* produit des bœufs de culture et de boucherie.

Le *Maine* fournit surtout des volailles.

La *Normandie* est un pays de pâturages renommés. Elle donne de beaux chevaux dits *normands*, des bestiaux, des fromages, du beurre, dont une grande partie est exportée en Angleterre, et une énorme quantité de pommes pour la fabrication du cidre.

Rouen en est le centre; — fabrique de cotonnades, qui portent son nom, les *rouenneries;* c'est aussi le port maritime et la principale ville de commerce du bassin de la Seine. La marée y pousse les navires de haute mer, mais **le Havre**, plus avantageusement situé, est le port d'attache d'une importante flotte de commerce transatlantique. A Elbeuf et à Louviers, on fabrique des draps.

Sur les côtes de Normandie se trouvent de nombreuses stations très fréquentées pendant la saison des bains de mer, Trouville, Fécamp, Dieppe, Le Tréport, etc.

Cherbourg est un des cinq grands ports de guerre.

Autour de Paris sont de belles forêts en partie domaniales, c'est-à-dire appartenant à l'État, près de Fontainebleau, Senlis, Compiègne, Dreux, Rambouillet.

II. — Région du Nord.

6. La région du Nord comprend les anciennes provinces de Flandre, Artois, Picardie.

C'est une région intermédiaire entre le bassin de Paris et les plaines basses de la Belgique.

La **Flandre**, cap. Lille, a formé un département : *Nord*, ch.-l. Lille.

L'**Artois**, cap. Arras, a formé un département : *Pas-de-Calais*, ch.-l. Arras.

La **Picardie**, cap. Amiens, a formé un département : *Somme*, ch.-l. Amiens.

7. La région du Nord est surtout industrielle et manufacturière. Elle est sillonnée de canaux et de chemins de fer. **Lille** (180,000 hab.) en est le centre. On y fabrique des étoffes, de la bière; il y a des grandes forges, des raffineries de sucre. C'est aussi une grande place de guerre, entourée de forts.

A Roubaix (90,000 hab.) et à Tourcoing, sont de nombreuses et importantes filatures de coton et manufactures de drap.

De grandes exploitations de houille se trouvent dans le bassin de l'Escaut, près de Valenciennes, Denain, *Anzin*, etc.

Saint-Pierre-lès-Calais fait des tulles et des dentelles, celles-ci à l'aide d'ingénieuses machines, les *dentellières*.

Amiens (75,000 hab.) fabrique des toiles.

Autour d'Arras et dans presque toute la région sont des fabriques de sucre.

Dunkerque, Calais, Boulogne sont d'importants ports de commerce qui font un grand trafic avec l'Angleterre. Il ne faut aux bateaux à vapeur qu'environ une heure et demie pour aller de Calais à Douvres.

Dunkerque, Lille, Valenciennes, Maubeuge sont les quatre principales villes de guerre de la région du Nord autour desquelles se groupent de nombreuses places moins importantes.

Le climat de la région du Nord est froid et pluvieux. Les principales cultures sont *industrielles:* le *tabac*, la *betterave* dont on extrait le sucre, le *houblon* qui sert à la fabrication de la bière.

III. — Région du Nord-Est ou des Vosges.

8. La région du Nord-Est comprend la Lorraine, dont une partie fut enlevée à la France en 1871, en même temps que l'Alsace.

La **Lorraine**, cap. Nancy, forme trois départements : *Meuse*, ch.-l. Bar-le-Duc; *Meurthe-et-Moselle*, ch.-l. Nancy; *Vosges*, ch.-l. Épinal.

La plus grande partie de l'ancien département de la Moselle avec Metz et une partie du département de la Meurthe ayant été pris par les Allemands, les autres cantons ont formé le département nouveau de Meurthe-et-Moselle.

9. La Lorraine, à laquelle se rattache le département des Ardennes, avait une grande unité. Longtemps elle a formé un royaume, puis un *duché*, qui était intermédiaire entre la France et l'Allemagne.

Elle comprenait, au moyen âge, ce que l'on appelait le territoire des *trois évêchés* de : Metz, Toul et Verdun, qui étaient aussi trois places de guerre.

C'est un pays agricole et industriel; on trouve de grandes forêts, particulièrement dans l'Argonne, des minerais de fer, des hauts fourneaux et des manufactures dans la partie du nord; on exploite de grandes salines dans les cantons de Dieuze et de Château-Salins (devenus allemands) et aux environs de Nancy.

10. Le centre principal de la région est **Nancy**, l'ancienne capitale des ducs de Lorraine, embellie par eux; sa population s'est considérablement augmentée par l'émigration des Alsaciens-Lorrains, qui y ont transporté leurs industries.

On fabrique des draps à *Sedan*, qui a acquis une triste célébrité par la désastreuse bataille du 2 septembre 1870.

Charleville, qui est contigu à Mézières, est une ville très industrielle. Dans le val de Meuse, en aval, sont de nombreuses forges et des hauts fourneaux.

Les Vosges sont couvertes de magnifi-

ques forêts de pins. On y fabrique des toiles, surtout aux environs de Remiremont.

A Baccarat, près de Saint-Dié, est une grande fabrique de cristaux.

Verdun, Toul, Épinal, sont les trois places de guerre principales de la frontière de l'est. Entre ces places ont été construits des forts qui forment une barrière continue.

Épinal s'est, comme Nancy, considérablement développé par l'émigration des Alsaciens-Lorrains.

On élève dans les Ardennes une race de petits chevaux estimés.

11. L'**Alsace** formait deux départements: *Haut-Rhin*, ch.-l. Colmar, et *Bas-Rhin*, ch.-l. Strasbourg. C'est une belle vallée, riche et bien cultivée, surtout en céréales et en houblon. La population parle un dialecte germanique, mais elle était depuis longtemps fortement attachée à la France et intimement liée à la patrie française. Elle lui a fourni un nombreux contingent d'hommes célèbres, de généraux illustres ou de vaillants soldats. Après l'annexion à l'Allemagne, un grand nombre d'Alsaciens ont émigré en France pour conserver la nationalité française.

Strasbourg en est le centre. C'est une grande place de guerre, célèbre par ses établissements littéraires et par sa cathédrale.

Les vallées du versant alsacien des Vosges sont remarquables par leurs beautés pittoresques, leurs forêts, leurs ruines de châteaux forts; elles sont enrichies par une industrie très active. *Mulhouse* est la ville la plus industrielle de l'Alsace.

IV. — Région de l'Est ou du Jura.

12. La région de l'Est comprend : le territoire de Belfort, la Bourgogne, la Franche-Comté.

La **Bourgogne**, cap. Dijon, a formé quatre départements : *Côte-d'Or*, ch.-l. Dijon; *Yonne*, ch.-l. Auxerre; *Saône-et-Loire*, ch.-l. Mâcon; *Ain*, ch.-l. Bourg.

La **Franche-Comté**, cap. Besançon, a formé trois départements : *Haute-Saône*, ch.-l. Vesoul; *Doubs*, ch.-l. Besançon; *Jura*, ch.-l. Lons-le-Saunier.

13. Le **territoire de Belfort** est une minime portion de l'Alsace restée à la France. Il comprend la grande forteresse de **Belfort**, illustrée par le siège qu'elle a soutenu en 1870. C'est aujourd'hui le noyau d'un formidable système de défense qui barre la *trouée de Belfort*, c'est-à-dire l'intervalle entre les Vosges et le Jura, passage des routes entre l'Alsace et la Franche-Comté.

14. La région de l'Est correspond au

bassin de la Saône et aux montagnes du Jura. Elle présente donc des aspects divers.

La Bourgogne, qui formait autrefois un duché beaucoup plus étendu que la province qui a conservé son nom, avait pour ville capitale **Dijon**. Elle fournit surtout des vins, bien connus sous le nom de vins de la Côte-d'Or, du Beaujolais, du Mâconnais, etc. Dans la vallée de la Saône sont de vastes prairies.

La Franche-Comté a pour ville principale **Besançon**, grande place de guerre.

Le Jura, région de plateaux et de forêts, est enrichi par l'exploitation des bois et par de nombreuses industries, particulièrement l'horlogerie, dont le centre principal est à Besançon ; la tabletterie, dont le centre est à Saint-Claude. On fabrique des fromages dans les montagnes.

Dans la *Bresse*, dont le chef-lieu est Bourg, et qui comprend la contrée des *Dombes*, on trouve de nombreux étangs.

Le climat est très rigoureux en hiver sur les plateaux du Jura ; plus doux, mais brumeux dans la vallée de la Saône.

V. — Région du Sud-Est ou des Alpes.

15. La région du Sud-Est comprend : le Lyonnais, la Savoie, le Dauphiné.

Le **Lyonnais**, cap. Lyon, a formé deux départements : *Rhône*, ch.-l. Lyon ; *Loire*, ch.-l. Saint-Étienne.

La **Savoie**, cap. Chambéry, a formé deux départements : *Haute-Savoie*, ch.-l. Annecy ; *Savoie*, ch.-l. Chambéry.

Le **Dauphiné**, cap. Grenoble, a formé trois départements : *Isère*, ch.-l. Grenoble ; *Drôme*, ch.-l. Valence ; *Hautes-Alpes*, ch.-l. Gap.

16. Le centre principal de cette région est **Lyon** (380,000 hab.), la deuxième ville de France, centre d'un grand commerce et de l'industrie de la soie, grande place de guerre.

La Savoie est le berceau de la famille royale d'Italie, dont les ancêtres étaient ducs de Savoie. C'est un pays de montagnes et de beaux lacs : le lac Léman, dont la rive méridionale appartient à la France ; les lacs d'Annecy, du Bourget ; ses montagnes couvertes de neiges éternelles sont dominées par la masse superbe du **mont Blanc**.

La Savoie élève de nombreux troupeaux de vaches et fabrique des fromages.

Elle appartenait au Piémont et a été réunie à la France en 1860, lorsque, à la suite de la guerre de 1859 contre l'Autriche et grâce à l'appui de la France, les rois de Piémont sont devenus rois d'Italie.

17. Le Dauphiné avait pour capitale **Grenoble**, place de guerre importante. Cette région est couverte par les ramifications de l'énorme massif du Pelvoux.

La vallée de l'Isère, depuis Albertville jusqu'à Grenoble, appelée le *Graisivaudan*, est la partie la plus fertile.

La forteresse de *Briançon* commande la principale route des Alpes par le col de Mont-Genèvre.

Le climat de toute la partie alpestre est rigoureux en hiver ; il est plus doux dans la vallée du Rhône, où l'on cultive les céréales, la vigne et le mûrier pour l'élevage des vers à soie.

VI. — Région du Midi-maritime ou méditerranéenne.

18. La région du Midi-maritime comprend : le comté de Nice, la Provence, le comtat Venaissin, une partie du Languedoc ou Bas-Languedoc et le Roussillon.

Le **comté de Nice**, cap. Nice, a formé un département, *Alpes-Maritimes*, ch.-l. Nice, dans lequel est enclavée la petite principauté de **Monaco**.

La **Provence**, cap. Aix, a formé trois départements : *Bouches-du-Rhône*, ch.-l. Marseille ; *Basses-Alpes*, ch.-l. Digne ; *Var*, ch.-l. Draguignan.

Le **comtat Venaissin**, cap. Avignon, a formé un département, *Vaucluse*, ch.-l. Avignon.

Le **Roussillon**, cap. Perpignan, a formé un département : *Pyrénées-Orientales*, ch.-l. Perpignan.

Le **Languedoc**, cap. Toulouse, a formé huit départements : *Haute-Loire*, ch.-l. le Puy ; *Lozère*, ch.-l. Mende ; *Tarn*, ch.-l. Albi ; *Haute-Garonne*, ch.-l. Toulouse ; *Ardèche*, ch.-l. Privas ; *Gard*, ch.-l. Nîmes ; *Hérault*, ch.-l. Montpellier ; *Aude*, ch.-l. Carcassonne.

(Les départements de la Haute-Loire, de la Lozère, du Tarn, appartiennent à la région centrale.
Celui de la Haute-Garonne à la région pyrénéenne.
Ceux de l'Ardèche, du Gard, de l'Hérault et de l'Aude forment le Bas-Languedoc et appartiennent à la région méditerranéenne.)

19. La région méditerranéenne, ou région du Midi-Maritime, est circonscrite au nord par les Alpes de Provence et par les Cévennes, dont les ramifications se rapprochent et serrent le Rhône près de Montélimar.

Bien exposée a soleil du midi, baignées par les eaux de la Méditerrannée, les côtes de la Provence jouissent d'un climat d'hiver délicieux qui attire de nombreux étrangers, à Menton, à Monaco, à Nice, à Cannes, à Hyères, etc.

Toulon est le grand port de guerre de la Méditerranée. **Marseille**, la grande ville de commerce avec le Levant et l'Extrême-Orient. C'est par là que s'importent surtout les blés.

Avignon, ancienne résidence des papes, et chef-lieu du Comtat Venaissin, est au centre de la Provence. Cette ville et les villes voisines, Nîmes, Arles, Aix, ont conservé de beaux monuments qui datent de l'antiquité romaine.

20. La Provence reçoit peu de pluies ; le vent du nord-est, *mistral*, y souffle souvent avec violence. On ne peut y cultiver les céréales. La principale richesse est l'olivier, dont le fruit sert à la fabrication de l'huile. On cultive l'oranger en pleine terre sur les côtes du Var, la garance, plante de teinture, et le mûrier du ver à soie dans la vallée du Rhône. Les vallées de la région alpestre sont peu fertiles, déboisées et ravagées par les torrents.

Le Bas-Languedoc produit surtout des vins : Narbonne, Béziers, Montpellier, sont les centres principaux de production, mais le phylloxera a ruiné une partie des vignobles.

Le Roussillon, qui forme un petit bassin à part, au pied des Pyrénées, isolé par des montagnes, produit aussi des vins. **Perpignan**, place forte, en est la capitale.

On exploite le sel dans les marais salants de la côte du Languedoc. Les ports de Cette et de Port-Vendres ont un commerce actif.

VII. — Région du Midi-pyrénéenne.

21. La région du Midi-pyrénéenne comprend : le comté de Foix, une partie du Languedoc, le Béarn, l'ancien comté d'Armagnac (partie de la province de Gascogne).

Le **comté de Foix**, cap. Foix, a formé un département, *Ariège*, ch.-l. Foix.

Le **Béarn**, cap. Pau, a formé un département, *Basses-Pyrénées*, ch.-l. Pau.

Le *comté d'Armagnac* a formé une partie du département des *Hautes-Pyrénées*, ch.-l. Tarbes. A cette région appartient aussi par sa partie méridionale le département de la *Haute-Garonne*, ch.-l. Toulouse, mais Toulouse ne peut être considérée comme une ville des Pyrénées, c'est le centre principal du bassin de la Garonne

22. La région du Midi-pyrénéenne comprend les versants nord des Pyrénées ; les cimes n'en sont pas aussi élevées que celles des Alpes. Les vallées sont très riches en sources thermales, qui attirent chaque année de nombreux baigneurs et touristes. Les plus connues sont les *Eaux-Bonnes* (Basses-Pyrénées), *Cauterets* et *Bagnères de Luchon* (Hautes-Pyrénées), *Amélie-les-Bains* (Pyrénées-Orientales).

Pau, station d'hiver très fréquentée, est la ville principale de la région pyrénéenne.

Tarbes est un arsenal de fabrication pour l'artillerie.

Bayonne, une place forte qui défend les routes de l'ouest, comme Perpignan celles de l'est. Près de Bayonne est la plage très fréquentée de Biarritz.

Les Béarnais et les Basques sont des montagnards robustes et actifs. Ils élèvent de nombreux troupeaux de chèvres et de moutons.

L'Armagnac fournit des eaux-de-vie. On y élève aussi une race de petits chevaux très énergiques, connus sous le nom de chevaux de Tarbes ou navarreins.

Le climat des montagnes est froid en hiver, mais les basses vallées jouissent, au contraire, d'une température très douce. En été, la fraîcheur des hautes vallées contribue à leur charme.

VIII. — Région du Sud-Ouest ou de la Garonne.

23. La région du Sud-Ouest comprend : la Guyenne et la Gascogne, l'Aunis et la Saintonge, l'Angoumois.

Les pays de **Guyenne et Gascogne** ne constituaient en 1790 qu'un seul gouvernement, dont la capitale était Bordeaux ; ils ont formé neuf départements.

La Guyenne a formé six départements : *Gironde*, ch.-l. Bordeaux ; *Dordogne*, ch.-l. Périgueux ; *Lot*, ch.-l. Cahors ; *Aveyron*, ch.-l. Rodez ; *Lot-et-Garonne*, ch.-l. Agen ; *Tarn-et-Garonne*, ch.-l. Montauban.

La Gascogne a formé trois départements : *Landes*, ch.-l. Mont-de-Marsan ; *Gers*, ch.-l. Auch ; *Hautes-Pyrénées*, ch.-l. Tarbes (compris dans la région pyrénéenne).

L'**Aunis**, cap. La Rochelle, et la **Saintonge**, cap. Saintes, ont formé un département, *Charente-Inférieure*, ch.-l. La Rochelle.

L'**Angoumois** a formé un département, *Charente*, ch.-l. Angoulême.

24. La région du Sud-Ouest comprend le bassin presque entier de la Garonne, borné au nord par les montagnes du Massif central, au sud par les Pyrénées, séparé de la mer par une bande de terrains sablonneux et stériles, les *Landes*. On a fait des plantations de pins pour fixer les sables qui envahissaient l'intérieur. La côte est bordée de dunes et n'offre aucun port, de sorte que tout le commerce maritime a dû se concentrer dans l'estuaire de la Gironde à l'extrémité duquel s'est développée la grande ville de **Bordeaux** (220,000 habitants), centre d'un commerce maritime considérable, surtout avec l'Amérique du Sud, mais c'est **Toulouse** qui est le centre principal de la vallée de la Garonne ; elle a été autrefois la capitale du royaume des Goths.

Arcachon, sur le bassin du même nom, est un petit port qui doit une certaine activité à la pêche des huîtres. C'est aussi une station d'hiver et une station de bains de mer.

A Dax sont des bains de boues minérales.

Les principaux produits de la région sont des vins renommés, des céréales, les *pruneaux d'Agen*, les *truffes du Périgord*.

25. La Saintonge et l'Angoumois produisent les célèbres *eaux-de-vie* de Cognac.

Rochefort, à l'embouchure de la Charente, est un des cinq grands ports de guerre ; il est précédé par la belle rade de l'île d'Aix.

Le climat est tempéré, très pluvieux, comme sur toutes les côtes de l'ouest.

IX. — Région du Nord-Ouest ou massif breton.

26. La région du Nord-Ouest comprend la Bretagne, l'Anjou, le Poitou.

La **Bretagne**, cap. Rennes, a formé cinq départements : *Ille-et-Vilaine*, ch.-l. Rennes ; *Finistère*, ch.-l. Quimper ; *Côtes-du-Nord*, ch.-l. Saint-Brieuc ; *Morbihan*, ch.-l. Vannes ; *Loire-Inférieure*, ch.-l. Nantes.

L'**Anjou**, cap. Angers, a formé un département, *Maine-et-Loire*, ch.-l. Angers.

Le **Poitou**, cap. Poitiers, a formé trois départements : *Vendée*, ch.-l. La Roche-sur-Yon ; *Deux-Sèvres*, ch.-l. Niort ; *Vienne*, ch.-l. Poitiers.

27. La Bretagne est un pays en général granitique et schisteux, peu fertile, couvert de landes, avec des pâturages dans les vallées ; aussi la population s'est-elle concentrée sur les côtes, où s'ouvrent de nombreux ports. Elle s'adonne à la pêche et à la navigation.

On y élève une race de bons chevaux.

La capitale de l'ancien duché de Bretagne et le centre de la région est **Rennes**.

Sur les côtes de la Manche, Saint-Malo, Saint-Servan, deux villes voisines, sont les principaux ports d'armement pour la pêche de la morue. **Brest** est le principal port de guerre de l'Atlantique avec une rade superbe. **Lorient** est aussi un port de guerre.

Nantes (122,000 hab.), à l'embouchure de la Loire, est la principale ville de commerce de la région, mais la plupart des grands navires s'arrêtent à Saint-Nazaire.

28. L'Anjou est un pays d'une agriculture développée. Angers est le centre de grandes exploitations d'ardoises.

Le **Poitou** fournit des pierres à bâtir d'une qualité supérieure ; il produit d'excellents mulets qui sont, en partie, exportés. C'est le pays de jonction et le passage des grandes voies de communication entre la région de Paris et la région de la Garonne.

Aussi, au moyen âge, de grandes batailles se sont-elles livrées dans les environs entre les armées venant du nord et celles venant du midi.

29. La Vendée, qui faisait partie du gouvernement du Poitou, est un pays tout particulier, qui se divise en *marais* près des côtes, *plaine* et *bocage*. Il n'y a pas de grandes villes, mais de nombreuses localités, pas de grandes forêts, mais le pays est couvert d'arbres ; il est sillonné de chemins creux et habité, comme la Bretagne, par une population très attachée à ses anciens usages.

Sur les côtes du golfe du Poitou sont de grands marais salants.

X. — Région du Centre.

30. La région du Centre comprend : l'Auvergne, la Marche, le Bourbonnais, le Limousin.

L'**Auvergne**, cap. Clermont, a formé deux départements : *Puy-de-Dôme*, ch.-l. Clermont-Ferrand ; *Cantal*, ch.-l. Aurillac.

La **Marche**, cap. Guéret, a formé un département, *Creuse*, ch.-l. Guéret.

Le **Bourbonnais**, cap. Moulins, a formé un département, *Allier*, ch.-l. Moulins.

Le **Limousin**, cap. Limoges, a formé deux départements : *Haute-Vienne*, ch.-l. Limoges ; *Corrèze*, ch.-l. Tulle.

31. La région du Centre est constituée par les montagnes et les plateaux du Massif central. Il y pleut beaucoup et les eaux en descendent dans toutes les directions, vers le Rhône, la Garonne, la Loire et la Seine.

Formée de terrains en général granitiques ou volcaniques, cette région est relativement pauvre, comparée aux régions agricoles des bassins qui l'entourent ; mais elle a de beaux pâturages où s'élèvent de nombreux bestiaux ; aussi la fabrication du fromage est-elle une des principales sources de revenu.

Les Auvergnats et les Limousins émigrent pour aller chercher dans les villes les moyens de subsistance que leur pays ne leur offre pas. Les Limousins s'emploient surtout comme maçons et charpentiers.

32. Le centre de la région est **Clermont-Ferrand**, au pied du puy de Dôme, et non loin du puy de Sancy (1,886 mètres), qui est le point le plus élevé de la France centrale.

On trouve de petits bassins agricoles fertiles, qui sont d'anciens bassins de lacs : la *Limagne*, près de Clermont, dans la vallée de l'Allier ; la *plaine du Forez*, dont le centre est Montbrison, dans la vallée de la Loire ; le *Bourbonnais*, dont la capitale est Moulins.

33. A sa partie méridionale, le massif central se prolonge par les *Causses*, vastes plateaux de maigres pâturages, où s'est établie l'industrie des fromages de Roquefort.

Les **Cévennes** bordent les Causses. Ce sont d'âpres et froides montagnes dans lesquelles vit la population cévenole, rude et énergique, en majorité protestante. Les vallées des Cévennes méridionales sont manufacturières. Mazamet est un centre de fabriques.

Au nord, le Massif central se prolonge par le **Morvan**, pays de bois et de pâturages, qui a pour ville principale *Autun*.

34. Dans différentes parties de la région du centre sont de grandes exploitations houillères : bassins de *Bessèges*, de la *Grand'-Combe* et d'*Alais* dans la haute vallée du Gard ; bassins d'*Aubin*, de *Decazeville* dans la vallée du Lot ; bassin de *Commentry* près de Montluçon ; bassin de *Saint-Étienne*, grande manufacture d'armes et fabrique de rubans ; bassins d'*Épinac*, de *Monchanin*, etc., avec les établissements métallurgiques du **Creusot**, les plus importants de la France.

Il y a des mines de plomb argentifère à Pontgibaud ; des sources minérales au Mont-Dore, à Vichy, etc. ; des manufactures de tapisserie à Aubusson, des fabriques de porcelaines à Limoges.

---

35. Il y a de grandes différences entre les régions de la France ; mais, cependant, on remarque une grande harmonie dans leur ensemble.

Les foyers les plus actifs de la vie nationale sont dans les trois grands bassins géologiques groupés autour du Massif central et protégés par les régions montagneuses des frontières.

Les vallées de la Loire, de la Seine, de la Saône et du Rhône, de la Garonne ouvrent des communications faciles ; ces fleuves, puis ensuite les canaux et les chemins de fer qui les ont longés, ont été et sont encore les grandes routes des échanges pour le commerce et l'industrie. Elles forment, en quelque sorte, un chemin circulaire autour du Massif central.

On remarquera que les plus hautes montagnes sont dans les parties méridionales ; il en résulte qu'il y a dans toute la France une certaine égalité de climat et que, presque partout, on peut cultiver le blé.

La vigne prospère également dans toutes les régions, à l'exception de la région du nord où l'on boit de la bière, de la région du nord-ouest où l'on boit du cidre, et de la région du centre où l'on boit néanmoins du vin, parce qu'il y a tout autour une belle ceinture de vignobles.

Il en résulte encore qu'il n'y a pas, entre les populations des diverses régions, de très grandes différences et qu'elles ont pu se fusionner très intimement pour former l'unité de la *Patrie française*.

AGRICULTURE.

36. La France est un des États de l'Europe où l'agriculture est le plus florissante.

Sur terres arables, elle récolte beaucoup de **céréales** : environ 100 millions d'hectolitres de **froment** et 80 millions d'hectolitres d'**avoine**. Le *seigle*, l'*orge*, le *sarrasin*, le **maïs** sont récoltés en moindre quantité.

Les **régions de Paris et du Nord**, depuis la Loire jusqu'à la frontière de Belgique, sont celles où la production agricole est le plus abondante. En second lieu, viennent la région de l'est ou plaine de la Saône, celle du sud-est, vallée du Rhône et Dauphiné, celle du sud-ouest, vallée de la Garonne. C'est surtout dans cette région que le **maïs** est cultivé.

Les principales plantes industrielles sont : la **betterave**, cultivée dans la *région du Nord* pour la fabrication du sucre ; le **colza**, avec la graine duquel on fait de l'huile et qu'on cultive en *Normandie* ; le **lin** et le **chanvre**, cultivés surtout dans les *régions de Paris et du Nord* pour la fabrication du fil.

37. La **vigne** est une des richesses caractéristiques de l'agriculture française. Les grandes régions de vignobles sont : la **Bourgogne** (*Côte-d'Or, Mâconnais, Beaujolais*, etc.), la **vallée du Rhône**, le **Midi** (*Hérault, Roussillon, Provence*, etc.), la **Guyenne et Gascogne** (*vins de Bordeaux, eaux-de-vie d'Armagnac*, etc.), les **Charentes** (*eaux-de-vie de Cognac*, etc.), le **Centre** avec les *coteaux de la Loire*, la **Champagne** (*vins mousseux*).

Les pommiers à **cidre** sont nombreux, surtout en Normandie et en Bretagne.

La **bière**, fabriquée avec l'orge et le houblon, est une boisson dont l'usage est très répandu dans le *Nord* et dans les *grandes villes*.

Le **châtaignier** pousse surtout dans le centre ; l'**olivier**, sur les bords de la Méditerranée ; le **mûrier**, dont la feuille nourrit les **vers à soie**, dans le bassin du Rhône, au sud de Lyon.

La France a beaucoup de **forêts**, surtout dans la **région du nord-est**, dans les **montagnes** et dans les **Landes**.

38. Le **bétail** contribue à la richesse de la terre. Il faut des prairies pour le nourrir. Les **prairies naturelles** se trouvent surtout dans les régions humides de l'*Ouest*, du *Nord-Ouest* et du *Massif central*, ainsi que dans les *vallées*. Les **prairies artificielles**, qu'on crée en semant le trèfle ou la luzerne sur les terres arables, se trouvent surtout dans l'*Ouest* et le *Nord*.

Les contrées les plus riches en bétail sont, pour les **bœufs** : la Normandie, le Maine, la Bretagne, la Vendée, le Nivernais, le Charollais.

Pour les **moutons** : la Beauce, le Berri, la Champagne, le Massif central, les Alpes, certaines parties de la Normandie et de la Bretagne, d'où viennent les moutons dits de *prés-salés*.

Pour les **porcs**, la Normandie, la Bretagne, la Lorraine, le Limousin.

Pour les **chèvres**, les Pyrénées.

Les principales races de **chevaux** sont, en France : les chevaux normands et percherons (selle et trait léger), boulonais (gros trait), ardennais, bretons, navarreins (chevaux de selle ou de trait), les petits chevaux de la Camargue ; les mulets du Poitou sont très estimés.

Une administration spéciale des *haras* a pour objet de veiller à l'amélioration de la race des chevaux.

Au point de vue administratif, et pour les *concours agricoles*, les départements de la France ont été groupés en **12 régions agricoles** qui correspondent à peu près aux dix régions naturelles. Chaque groupe comprend 6 à 8 départements.

Ce sont :

1re *Région*. — **Nord-Ouest** : Seine-Inférieure, Eure, Calvados, Manche, Orne, Eure-et-Loir.

2e *Région*. — **Ouest** : Ille-et-Vilaine, Côtes-du-Nord, Finistère, Morbihan, Loire-Inférieure, Mayenne, Maine-et-Loire.

3e *Région*. — **Nord** : Seine, Seine-et-Oise, Seine-et-Marne, Oise, Somme, Aisne, Pas-de-Calais, Nord.

4e *Région*. — **Centre** : Loiret, Loir-et-Cher, Indre-et-Loire, Indre, Cher, Nièvre, Allier.

5e *Région*. — **Nord-Est** : Ardennes, Meuse, Meurthe-et-Moselle, Aube, Marne, Haute-Marne, Vosges.

6e *Région*. — **Est** : Yonne, Côte-d'Or, Haute-Saône, Doubs, Jura, Saône-et-Loire, Ain, Territoire de Belfort.

7e *Région*. — **Ouest-Central** : Vendée, Deux-Sèvres, Vienne, Haute-Vienne, Charente, Charente-Inférieure, Dordogne, Gironde.

8e *Région*. — **Sud-Ouest** : Landes, Basses-Pyrénées, Hautes-Pyrénées, Lot-et-Garonne, Haute-Garonne, Gers, Ariège.

9e *Région*. — **Sud-Central** : Creuse, Corrèze, Cantal, Lot, Tarn-et-Garonne, Aveyron, Tarn.

10e *Région*. — **Est-Central** : Rhône, Loire, Haute-Loire, Puy-de-Dôme, Ardèche, Lozère.

11e *Région*. — **Sud** : Pyrénées-Orientales, Aude, Hérault, Gard, Bouches-du-Rhône, Var, Alpes-Maritimes.

12e *Région*. — **Sud-Est** : Savoie, Haute-Savoie, Isère, Drôme, Hautes-Alpes, Basses-Alpes, Vaucluse, Corse.

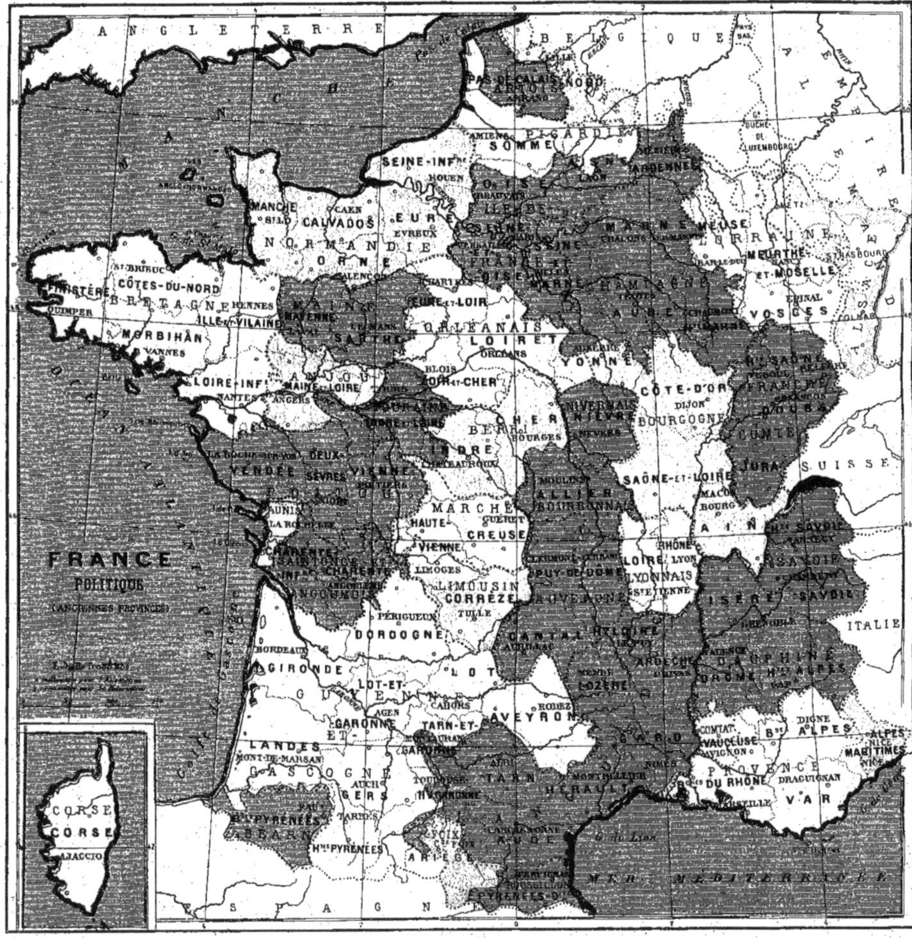

Les anciens noms de pays conservés dans l'usage local, tels que *Beauce, Brie, Morvan, Cotentin,* etc., n'indiquaient pas des divisions administratives, mais ils caractérisent des différences de configuration géographique, et, pour cette raison, sont utiles à retenir.

Les anciennes *provinces* ou gouvernements existant en 1789 étaient des divisions administratives, moins importantes alors que les *généralités,* mais plus populaires parce qu'elles correspondaient, en partie, comme les pays, à la configuration du sol et au caractère de la population ; il est donc également utile de connaître leur concordance avec les départements actuels.

QUESTIONNAIRE.

Quels sont les anciens peuples de la France ? — Quelle était la limite de la Gaule ? — Quels sont les peuples de race latine ? — D'où viennent les Romains, les Francs, les Visigoths, les Bourguignons ? — Dans quelle contrée s'établirent-ils ? — D'où venaient les Normands ?

Combien comptait-on de provinces avant 1789 ?

Quels sont les provinces et les départements qui ont été annexés en 1860 ?

Quels sont les provinces et les départements qui ont été perdus en 1871 ?

En combien de régions naturelles peut-on partager la France ? — Quels sont les départements et les provinces compris dans la région de...?

Quelle était la capitale de l'ancienne province de...?

Quels sont les départements formés par l'ancienne province de...?

Quels sont les centres principaux de la région de...? — Ses caractères généraux, agricoles ou industriels? — Ses principaux produits et ses cultures?

RÉGIONS NATURELLES

AVEC LA CONCORDANCE DES ANCIENNES PROVINCES ET DES DÉPARTEMENTS.

(Les chefs-lieux de départements dont les noms sont en caractères plus forts étaient les capitales des anciennes provinces.)

I. — RÉGION DE PARIS.

ILE-DE-FRANCE
- 1. Seine . . . . **Paris.**
- 2. Oise . . . . *Beauvais.*
- 3. Aisne. . . . . *Laon.*
- 4. Seine-et-Oise . . . . *Versailles.*
- 5. Seine-et-Marne . . . . . . *Melun.*

NORMANDIE
- 6. Seine-Inférieure . . . . **Rouen.**
- 7. Eure . . . . *Évreux.*
- 8. Calvados . . . . *Caen.*
- 9. Manche . . . . *Saint-Lô.*
- 10. Orne . . . . *Alençon.*

MAINE
- 11. Mayenne . . . . *Laval.*
- 12. Sarthe . . . . **Le Mans.**

TOURAINE
- 13. Indre-et-Loire . . . . . **Tours.**

ORLÉANAIS
- 14. Eure-et-Loir . . . . *Chartres.*
- 15. Loiret . . . . **Orléans.**
- 16. Loir-et-Cher . . . . *Blois.*

BERRI
- 17. Cher . . . . **Bourges.**
- 18. Indre . . . . *Châteauroux.*

NIVERNAIS
- 19. Nièvre . . . . **Nevers.**

CHAMPAGNE
- 20. Marne . . . . *Châlons-sur-Marne.*
- 21. Aube . . . . **Troyes.**
- 22. Haute-Marne . . . . *Chaumont.*
- 23. Ardennes . . . . *Mézières.*

II. — RÉGION DU NORD.

FLANDRE
- 24. Nord . . . . **Lille.**

ARTOIS
- 25. Pas-de-Calais . . . . **Arras.**

PICARDIE
- 26. Somme . . . . **Amiens.**

III. — RÉGION DU NORD-EST.

LORRAINE
- 27. Meuse . . . . *Bar-le-Duc.*
- 28. Meurthe-et-Moselle . . **Nancy.**
- 29. Vosges . . . . *Épinal.*

IV. — RÉGION DE L'EST OU DU JURA.

BOURGOGNE
- 30. Côte-d'Or . . . . **Dijon.**
- 31. Yonne . . . . *Auxerre.*
- 32. Saône-et-Loire . . . . . . *Mâcon.*
- 33. Ain . . . . *Bourg.*

FRANCHE-COMTÉ
- 34. Haute-Saône . . . . *Vesoul.*
- 35. Doubs . . . . **Besançon.**
- 36. Jura . . . . *Lons-le-Saunier.*

ALSACE
- 37. Territoire de Belfort. *Belfort.*

V. — RÉGION DU SUD-EST OU DES ALPES.

LYONNAIS
- 38. Rhône . . . . **Lyon.**
- 39. Loire . . . . *Saint-Étienne.*

SAVOIE
- 40. Haute-Savoie . . . . *Annecy.*
- 41. Savoie . . . . **Chambéry.**

DAUPHINÉ
- 42. Isère . . . . **Grenoble.**
- 43. Drôme . . . . *Valence.*
- 44. Hautes-Alpes . . . . *Gap.*

VI. — RÉGION DU MIDI-MARITIME OU MÉDITERRANÉENNE.

PROVENCE
(Aix, anc. capitale.)
- 45. Bouches-du-Rhône . . *Marseille.*
- 46. Basses-Alpes . . . . *Digne.*
- 47. Var . . . . *Draguignan.*

V. — RÉGION DU MIDI-MARITIME OU MÉDITERRANÉENNE (suite).

COMTÉ DE NICE
- 48. Alpes-Maritimes . . . . **Nice.**

COMTAT VENAISSIN
- 49. Vaucluse . . . . **Avignon.**

ROUSSILLON
- 50. Pyrénées-Orientales. **Perpignan.**

Plus quatre départements du Languedoc.

LANGUEDOC
(La province du Languedoc se partage entre trois régions.)
- 51. Haute-Loire . . . . *Le Puy.* ⎫
- 52. Lozère . . . . *Mende.* ⎬ Xe Région.
- 53. Tarn . . . . *Albi.* ⎭
- 54. Haute-Garonne . . . . . . *Toulouse.* VIIe Région.
- 55. Ardèche . . . . *Privas.* ⎫
- 56. Gard . . . . *Nîmes.* ⎬ VIe
- 57. Hérault . . . . *Montpellier.* ⎬ Région.
- 58. Aude . . . . *Carcassonne.* ⎭

VII. — RÉGION DU MIDI-PYRÉNÉENNE.

COMTÉ DE FOIX
- 59. Ariège . . . . **Foix.**

BÉARN
- 60. Basses-Pyrénées . . . . **Pau.**

Plus un département du Languedoc et un département de la Gascogne.

VIII. — RÉGION DU SUD-OUEST OU DE LA GARONNE.

GUIENNE ET GASCOGNE
- 61. Gironde . . . . **Bordeaux.**
- 62. Dordogne . . . . *Périgueux.*
- 63. Lot . . . . *Cahors.*
- 64. Aveyron . . . . *Rodez.*
- 65. Lot-et-Garonne . . . . . *Agen.*
- 66. Tarn-et-Garonne . . . . . *Montauban.*
- 67. Landes . . . . *Mont-de-Marsan.*
- 68. Gers . . . . *Auch.*
- 69. Hautes-Pyrénées . . . . *Tarbes.* VIIe Région.

AUNIS ET SAINTONGE
- 70. Charente-Inférieure. **La Rochelle.**

ANGOUMOIS
- 71. Charente . . . . **Angoulême.**

IX. — RÉGION DU NORD-OUEST OU MASSIF BRETON.

BRETAGNE
- 72. Ille-et-Vilaine . . . . . . **Rennes.**
- 73. Finistère . . . . *Quimper.*
- 74. Côtes-du-Nord . . . . . . *Saint-Brieuc.*
- 75. Morbihan . . . . *Vannes.*
- 76. Loire-Inférieure . . . . *Nantes.*

ANJOU
- 77. Maine-et-Loire . . . . . . **Angers.**

POITOU
- 78. Vendée . . . . *La Roche-sur-Yon.*
- 79. Deux-Sèvres . . . . *Niort.*
- 80. Vienne . . . . **Poitiers.**

X. — RÉGION DU CENTRE.

AUVERGNE
- 81. Puy-de-Dôme . . . . **Clermont-Ferrand.**
- 82. Cantal . . . . *Aurillac.*

MARCHE
- 83. Creuse . . . . **Guéret.**

BOURBONNAIS
- 84. Allier . . . . **Moulins.**

LIMOUSIN
- 85. Haute-Vienne . . . . **Limoges.**
- 86. Corrèze . . . . *Tulle.*

Plus trois départements du Languedoc.

CORSE
- 87. Corse . . . . **Ajaccio.**

ALGÉRIE
- 88. Alger . . . . **Alger.**
- 89. Oran . . . . *Oran.*
- 90. Constantine . . . . *Constantine.*

2***

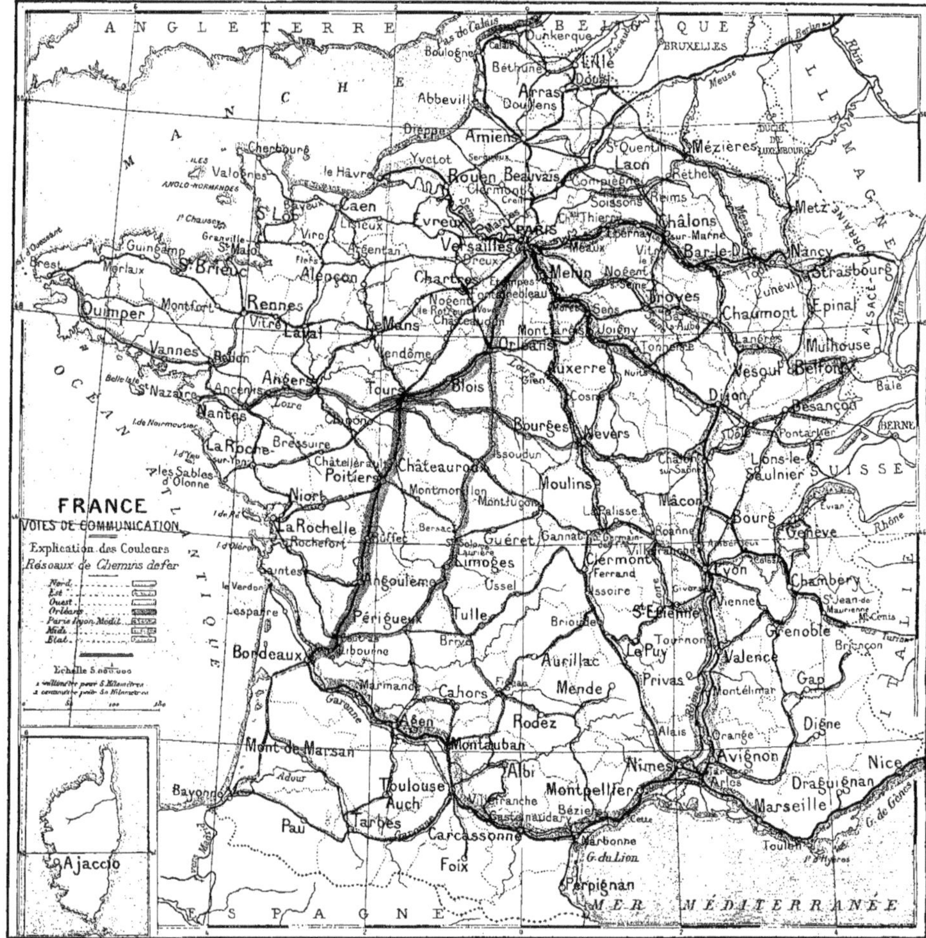

La largeur des teintes indique approximativement l'importance relative du trafic de chaque ligne.

VOIES DE COMMUNICATION.

39. Le développement des voies de communication est le signe de la prospérité d'un État et le moyen d'en accroître la richesse.

Les voies de communication sont :

1º Les rivières navigables et les canaux;
2º Les routes;
3º Les chemins de fer.

40. Voies navigables — En France, les grandes rivières et leurs affluents principaux sont pour la plupart navigables, c'est-à-dire peuvent porter des bateaux de transport.

Quelques rivières dont la navigation est difficile sont bordées d'un *canal latéral.*

Les rivières communiquent entre elles par des *canaux de jonction.* (Voir la carte des bassins.)

En outre, un certain nombre de rivières sont flottables, c'est-à-dire peuvent porter des radeaux ou des bois flottants.

Les rivières et les canaux offrent le moyen de transport le plus économique pour les matières pesantes : charbons, bois, pierres, matériaux de construction.

41. Routes. — Il y a en France 37,000 kilomètres de *routes nationales,* entretenues aux frais de l'État, à peu près autant de *routes départementales,* entretenues aux frais des départements, et plus de 400,000 kilomètres de *chemins vicinaux,* entretenus par les communes.

42. Chemins de fer. — La France possède, en 1886, plus de 32,000 kilomètres de chemins de fer.

La carte indique les principaux chemins, ils sont exploités, par *six grandes Compagnies*, par l'*État* et par plusieurs compagnies locales.

D'une manière générale, tous les chefs-lieux de département et la plupart des sous-préfectures sont en communication par chemin de fer.

Paris est le centre principal des grandes lignes qui se décomposent par réseau de la manière suivante :

I. — Réseau de l'**Ouest : 1°** Lignes de *Normandie :* Paris au **Havre**, à Cherbourg, à Granville ;

2° Ligne de *Bretagne*, Paris à **Brest** par Chartres, le Mans, Rennes, Saint-Brieuc ;

3° Ligne de Paris à **Nantes.**

Ces trois lignes desservent les principaux ports qui font le commerce avec l'Amérique du Nord.

II. — Réseau du **Nord : Paris** à **Calais** par Amiens. C'est la ligne directe de Paris à Londres.

Ligne de Paris à **Lille**, se bifurquant sur la précédente à Amiens ; c'est la ligne directe de Paris à Bruxelles.

Ligne de Paris à **Maubeuge;** c'est la ligne directe de Paris à Berlin.

III. — Réseau de l'**Est : 1°** Ligne des *Ardennes*, Paris à **Mézières;**

2° Ligne de Paris à **Strasbourg** par Châlons, Nancy, Avricourt. C'est la ligne directe de Paris à Vienne et à Constantinople ;

3° Ligne de Paris à **Belfort** par Troyes, Chaumont; c'est la ligne de Paris à Bâle et vers le nord de la Suisse.

IV. — Réseau **Paris-Lyon-Méditerranée.** (P.-L.-M.). — 1° Ligne de Paris à **Marseille** par la *Bourgogne*, Dijon, **Lyon;** c'est la principale ligne du commerce avec l'Orient et le canal de Suez.

Avec embranchements : de Dijon en Suisse par Besançon ou par Pontarlier ;

De Mâcon et de Lyon à Genève ;

De Mâcon et de Lyon en Italie par Chambéry et le tunnel du **Mont-Cenis**, ligne directe de Paris en Italie ;

De Marseille en Italie par **Nice;**

2° Ligne du *Bourbonnais*, Paris à **Cette** par Moulins, Clermont, Nîmes.

V. — Réseau d'**Orléans.** — 1° Ligne d'*Orléans*, Paris à **Bordeaux** par Orléans, Tours, Poitiers.

Avec embranchements : de Tours à Nantes et de Poitiers à La Rochelle. C'est la ligne principale du commerce avec l'Amérique du Sud et l'Afrique occidentale ;

2° Paris à **Toulouse** par Orléans, Limoges, Agen.

VI. — Réseau du **Midi.** Centre d'exploitation à Bordeaux. — 1° Ligne de **Bayonne** et l'Espagne, ligne directe de Paris à Madrid ;

2° *Ligne du Midi*, de Bordeaux à **Cette** par Toulouse.

Avec embranchement de Narbonne à Perpignan et l'Espagne.

VII. — Réseau de l'**État.**

Il se compose : 1° Des lignes de la Vendée et des *Charentes*, c'est-à-dire toutes les lignes comprises entre la ligne Tours-Nantes et la ligne Tours-Bordeaux ;

2° Des lignes d'*Orléans à Chartres* et embranchements.

Outre ces sept réseaux principaux, il y a un certain nombre de chemins d'intérêt local ou de compagnies particulières.

Il faut remarquer que les communications sont rares de l'est à l'ouest à cause de la difficulté de traverser le Massif central. Il n'y a pas encore de trains rapides entre Bordeaux et Lyon, entre Nantes et Lyon.

On a construit autour de Paris des lignes circulaires qui réunissent ensemble les divers réseaux ; ce sont : le *chemin de ceinture* dans l'intérieur des fortifications ;

Le chemin de *grande ceinture* qui relie les forts détachés ;

Les lignes d'Orléans à Rouen et d'Orléans à Châlons, Amiens, Rouen.

Les communications rapides entre l'Angleterre et l'Italie par le Saint-Gothard empruntent les lignes Boulogne, Amiens, Châlons, Langres, Belfort, Bâle.

Quelle est l'importance des voies de communication? — Montrez sur la carte les principales lignes de chemin de fer de Paris aux capitales des États voisins, — de Paris aux grands ports de mer.

Carte des lignes de communication entre Paris et les principales villes de l'Europe.

VI. LA FRANCE MILITAIRE.

1. La France, considérée au point de vue de ses frontières et de la défense nationale, se partage en dix régions correspondant aux grandes régions naturelles.

A la région du Nord correspond la frontière belge.

A la région du Nord-Est, la frontière allemande.

A la région de l'Est, la frontière suisse.

A la région du Sud-Est, la frontière italienne.

A la région du Midi-maritime, la frontière maritime de la Méditerranée.

A la région du Midi-pyrénéenne, la frontière espagnole.

A la région du Sud-Ouest. la frontière maritime du golfe de Gascogne.

A la région du Nord-Ouest, la frontière maritime de la Manche et de l'Océan.

La région de Paris est celle qui est l'objectif principal des invasions.

La région du Centre serait le réduit de la défense nationale.

Les frontières seront défendues par les armées; elles sont protégées par des places fortes.

2. Frontière belge. — Cette frontière est protégée par la neutralité de la Belgique. Le pays est plat, coupé de canaux. Les forteresses sont nombreuses ; la plupart datent de l'époque de Louis XIV. Elles ont été améliorées depuis. Elles forment quatre

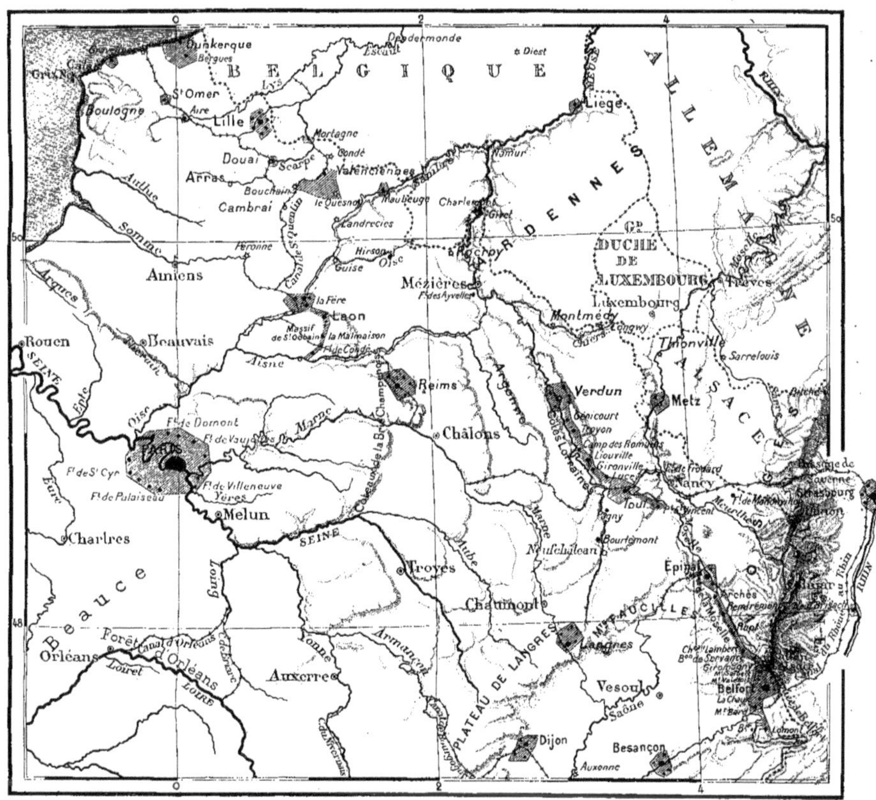

Frontières du Nord et de l'Est.

groupes dont les centres sont : *Dunkerque, Lille, Valenciennes, Maubeuge.*

A **Dunkerque** se rattachent les places de *Gravelines, Calais, Aire, Saint-Omer,* et des forts intermédiaires.

Lille est entouré d'une ceinture de forts. En arrière se trouvent *Douai* et les citadelles d'*Arras* et de *Cambrai.*

A **Valenciennes** se rattachent *Bouchain, le Quesnoy, Condé* et les forts des environs de *Mortagne,* au confluent de la Scarpe et de l'Escaut.

Maubeuge est entouré d'une ceinture de forts. En arrière se trouvent *Landrecies, Rocroi,* le fort d'*Hirson,* de nouvelle construction, l'ancien château de *Guise.*

Entre la frontière du nord et Paris, la ligne de la Somme est défendue par **Péronne.**

3. Frontière allemande. — Le pays est accidenté sans être montagneux. De ce côté, la véritable frontière militaire de la France serait le Rhin, avec les Vosges comme rempart. Cette frontière a été perdue en 1871.

On a reconstitué une frontière militaire en utilisant certains obstacles naturels et en construisant de nouvelles forteresses.

La ligne des forteresses est tracée sensiblement en ligne droite, de Mézières à Belfort par Verdun, Toul et Épinal.

Près de Mézières, aujourd'hui démantelé, se trouve le fort des *Ayvelles.* Plus au nord, sur la Meuse, les petites places de *Givet* et de *Charlemont.* Plus à l'est, sur la Chiers, les petites places de *Longwy* et de *Montmédy.*

Verdun a une double ceinture de forts.

Six forts d'arrêt, sur les **Côtes lorraines** entre Verdun et Toul, commandent toutes les routes qui les traversent.

Toul a une ceinture de forts.

Les forts de *Frouard* et de *Pont-Saint-Vincent,* à l'est de Toul, commandent les passages de la Moselle.

3

Le fort de *Manonviller*, à l'est de Nancy, protège le chemin de fer.

Les forts de *Pagny*, au sud de Toul, et de *Bourlémont*, près de Neufchâteau, commandent les passages de la Meuse.

Épinal a une ceinture de forts.

Cinq forts d'arrêt sur les **hauteurs de la Moselle**, à *Arches, Remiremont, Rupt, Château-Lambert, Ballon de Servance* en commandent tous les passages.

La **trouée de Belfort** est formidablement défendue : 1° par Belfort et par ses forts de ceinture, 2° par les forts de la Trouée, qui sont du nord au sud : *Giromagny, Mont-Salbert, Mont-Vaudois, La Chaux, Montbard, Lomont*.

4. Entre la frontière et Paris sont de grandes places contenant les magasins et formant des points d'appui pour la résistance. Ce sont : 1° les forteresses du **massif de Saint-Gobain**, comprenant **La Fère** et ses forts de ceinture, **Laon** et les forts qui en dépendent, les forts d'arrêt de *La Malmaison* et de *Condé-sur-Aisne*.

2° La place de **Reims**, sans enceinte, mais avec une ceinture de forts détachés.

3° La place de **Langres**, avec enceinte et ceinture de forts détachés.

Paris est la plus grande place de guerre qui existe. Elle est défendue par une enceinte, par une ceinture des anciens forts, et par la ceinture de nouveaux forts avec batteries intermédiaires, construits depuis 1871, englobant Versailles. Le développement de l'enceinte formée par ces derniers forts est de 130 kilomètres. On estime qu'il faudrait plus de 500,000 hommes pour en faire l'investissement.

En 1870-1871, Paris a résisté à un siège de près de six mois. Aucun fort n'a été pris. Le bombardement n'a pas ébranlé la résistance. La ville n'a capitulé que lorsque ses provisions ont été épuisées.

5. Frontière suisse. — Cette frontière est protégée par la neutralité de la Suisse et couverte par les montagnes du Jura.

Les principaux passages du Jura sont défendus :

1° Par les forts de la Trouée de Belfort;

2° Par les forts de Pontarlier : forts du *Larmont* et fort de *Joux*, et par le fort *Saint-Antoine*, au sud de Pontarlier;

3° Par les forts du *Risoux* et des *Rousses*,

4° Par le fort de l'*Écluse*, qui commande l'entrée de la vallée du Rhône ;

5° Par les anciens forts de *Pierre-Châtel* et des *Bancs*, qui commandent un des passages du Rhône.

En arrière, se trouvent, dans le Jura, les forts de *Salins* et la grande place de **Besançon**, avec une ceinture de forts.

L'ancienne petite place d'*Auxonne* commande la vallée de la Saône.

La grande place de **Dijon**, sans enceinte, mais avec une ceinture de forts, commande l'entrée du Morvan.

Lyon est une grande place de guerre, contenant, comme Paris, de nombreux approvisionnements et protégée par une double ceinture de forts.

6. Frontière italienne. — Cette frontière est couverte par les épaisses ramifications des Alpes. Elle n'est traversée que par cinq routes carrossables. Ce sont : les routes du *Petit-Saint-Bernard*, du *Mont-Cenis*, du *Mont-Genèvre*, de *Larche* et du *col de Tende*.

La route du Petit-Saint-Bernard est défendue par les forts d'*Albertville*, dans la vallée de l'Isère.

La route du Mont-Cenis, par les forts de *Lesseillon* près de la frontière, et de *Chamousset* dans la vallée de l'Isère.

La route du Mont-Genèvre est défendue par la grande place de **Briançon** et les forts qui en dépendent.

Les chemins muletiers du Queyras sont défendus par le fort *Queyras* et *Mont-Dauphin*.

La route de Larche, par le fort *Tournoux* et le *fort Saint-Vincent*.

La route du col de Tende, par le fort du *Barbonnet* et par une ligne fortifiée à l'est de *Nice*.

La grande place de cette frontière est **Grenoble**, défendue par une ceinture de forts qui couronnent les hauteurs voisines.

Dans la vallée de l'Isère est l'ancien fort *Barraux*.

Dans la vallée du Verdon, l'ancien fort de *Colmars*.

Dans la vallée du Var, l'ancien fort d'*Entrevaux*.

7. Frontière maritime de la Méditerranée. — **Toulon** est le principal arsenal de guerre de la Méditerranée. Son port et sa rade sont défendus par une ceinture de forts.

Les points principaux de la côte sont protégés par des batteries et par des forts dont les principaux sont à Nice, Antibes, îles de Lérins, Saint-Tropez, fort Brégançon, îles d'Hyères, forts de la rade de Marseille, fort de Bouc, fort Peccais, fort Brescou, fort de Salces. La plupart sont d'anciens ouvrages.

Près des Pyrénées, **Port-Vendres**, avec *Collioures*, a une plus grande importance.

8. Frontière d'Espagne. — Cette frontière est couverte par l'épaisse chaîne des Pyrénées, très difficile à franchir. On ne trouve de routes carrossables qu'aux deux extrémités.

Les passages des Pyrénées orientales sont défendus par le fort de *Bellegarde*, le fort des *Bains*, *Pratz de Mollo* et la place de **Montlouis**.

En arrière se trouvent *Villefranche*, **Perpignan** et Port-Vendres.

Les passages des Pyrénées occidentales ou basses Pyrénées sont défendus par le fort *Socoa* sur la côte, *Saint-Jean-Pied-de-Port*, le *Portalet*. En arrière **Bayonne**.

9. Frontière maritime de l'Océan. — Trois grands ports de guerre, **Rochefort**, **Lorient**, **Brest**, ont des rades défendues par de nombreuses batteries.

Les points principaux de la côte sont défendus par des batteries et des forts, dont les principaux sont :

A l'embouchure de la *Gironde* : fort de Royan, fort du Verdon, citadelle de Blaye, fort Paté, fort Médoc.

Les forts de la rade de **Rochefort**, avec l'île d'Aix, et le *Château* dans l'île d'Oléron.

Le port de **La Rochelle**.

Saint-Martin et les ouvrages de l'île de *Ré*.

Des batteries aux Sables-d'Olonne, à l'île d'Yeu, à Noirmoutier.

A l'embouchure de la *Loire*.

A l'île Dumet et à Belle-Isle.

Le fort Penthièvre, l'île de Groix.

Les défenses du port militaire de **Lorient**.

Des batteries près de Concarneau.

Les défenses de la rade et du port militaire de **Brest**.

10. Frontière maritime de la Manche. — Un grand port de guerre à **Cherbourg**.

Des forts et des batteries sur la côte ou sur les îles voisines : fort Cezon, fort de Batz, les 7 îles, Bréhat, la Latte, Saint-Malo, Granville, Tatihou, la Hougue.

Le port du **Havre** est protégé par plusieurs forts nouveaux; ceux de Dieppe et de Boulogne par d'anciens ouvrages; ceux de Calais, de Gravelines et de Dunkerque par des fortifications récemment complétées.

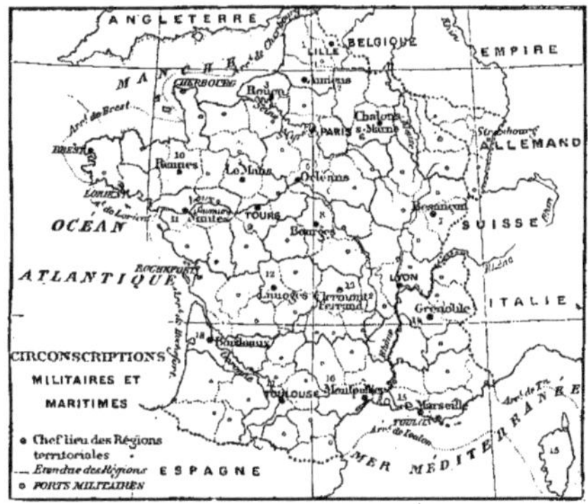

I. ARMÉE ET MARINE.

11. Au point de vue militaire, le territoire est divisé en 18 *régions de corps d'armée*. Chaque région est, pour le service de recrutement et l'administration des réserves, divisé en subdivisions de régions.

Les ch.-l. des 18 régions sont : 1re région, *Lille*, 2e *Amiens*, 3e *Rouen*, 4e *le Mans*, 5e *Orléans*, 6e *Châlons-sur-Marne*, 7e *Besançon*, 8e *Bourges*, 9e *Tours*, 10e *Rennes*, 11e *Nantes*, 12e *Limoges*, 13e *Clermont-Ferrand*, 14e *Grenoble*, 15e *Marseille*, 16e *Montpellier*, 17e *Toulouse*, 18e *Bordeaux*.

Paris et **Lyon** forment deux gouvernements militaires. (Le gouverneur de Lyon est aussi commandant du 14e corps d'armée.)

L'**Algérie** forme la 19e *région* divisée en 3 divisions : *Alger*, *Oran*, *Constantine*.

Au point de vue maritime, les côtes de France sont divisées en **cinq arrondissements maritimes**, dont les chefs-lieux sont : **Cherbourg, Brest, Lorient, Rochefort, Toulon**.

II. JUSTICE.

12. Dans chaque canton, il y a un **juge de paix** chargé de juger les petits procès et de concilier les différends.

Dans chaque chef-lieu d'**arrondissement**, il y a un **tribunal civil** ou de première instance.

Le territoire est divisé en 26 circonscriptions de **cours d'appel**, desquelles dépendent les tribunaux inférieurs et qui jugent les procès en appel. — Les sièges des cours d'appel sont : *Paris, Douai, Amiens, Rouen, Caen, Rennes, Angers, Dijon, Nancy, Besançon, Lyon, Aix, Bastia, Chambéry, Nîmes, Grenoble, Montpellier, Toulouse, Bordeaux, Agen, Poitiers, Pau, Limoges, Orléans, Riom, Bourges*.

La **cour de cassation**, tribunal suprême, réside à *Paris*.

Les **cours d'assises**, composées de *jurés*, désignés par le sort entre les citoyens, jugent les crimes et siègent temporairement, ordinairement au chef-lieu du département.

III. INSTRUCTION PUBLIQUE

13. En ce qui concerne l'instruction publique, la France est divisée en **16 académies**, administrées chacune par un *recteur*.

Ce sont : *Paris, Douai, Amiens, Caen, Nancy, Besançon, Dijon, Lyon, Aix, Chambéry, Montpellier, Grenoble, Toulouse, Bordeaux, Poitiers, Clermont-Ferrand*.

Dans chaque département est un *inspecteur d'académie* relevant du recteur et du préfet et assisté d'*inspecteurs primaires*, résidant, pour la plupart, au chef-lieu d'arrondissement.

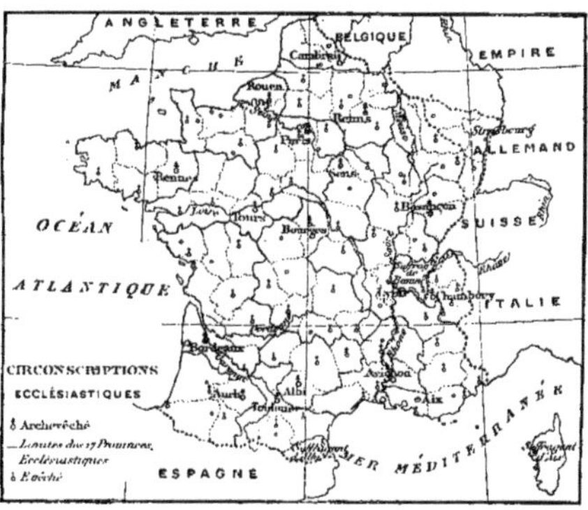

IV. CULTES.

14. Il y a trois cultes entretenus aux frais de l'État : le **culte catholique**, le **culte protestant**, le **culte israélite**.

L'Église catholique est partagée en *paroisses*. Un certain nombre de paroisses forment un *diocèse* ou évêché; il y a en France, **84 diocèses**, à peu près un par département.

Plusieurs diocèses forment une **province ecclésiastique** ou archevêché. Chaque archevêché est lui-même un des 84 diocèses.

Il y a **17 archevêchés** : *Paris, Cambrai, Reims, Rouen, Tours, Rennes, Besançon, Lyon, Chambéry, Aix, Avignon, Toulouse, Bordeaux, Auch, Albi, Bourges, Sens*.

VII. — ALGÉRIE ET COLONIES

ALGÉRIE

1. L'**Algérie** comprend une partie du territoire du nord de l'Afrique, dont les côtes sont baignées par la Méditerranée. Elle est bornée à l'ouest par le Maroc, à l'est par la Tunisie; au sud, s'étend le désert du Sahara où aucune limite précise ne peut être tracée.

2. Le territoire de l'Algérie se divise en trois régions naturelles, parallèles à la côte : le Tell, les Hauts-Plateaux, le Sahara.

3. La côte est dépourvue d'abris et de bons ports naturels. Les principaux sont, de l'ouest à l'est : **Oran**, Arzeu, Mostaganem, Tenès, Cherchell, **Alger**, Dellys, Bougie, Philippeville, qui est le port de Constantine, **Bône**.

En Tunisie, la côte est plus découpée. Elle présente au nord les ports de Bizerte et de **Tunis**; forme à l'est le promontoire du cap Bon, et présente les ports de Hammamet, **Sousse**, Sfax, Gabès, avec les îles Kerkena et Djerba.

4. Le **Tell** est formé de plaines et de montagnes. Les terres du Tell sont très fertiles lorsqu'on peut les arroser. La culture des céréales et surtout celle de la vigne sont en prospérité. On y trouve des populations indigènes sédentaires, de race arabe et surtout kabyle, et de nombreuses villes, villages et fermes d'Européens.

Les **Hauts-Plateaux** sont des plaines sans culture, où pousse naturellement l'*alfa*, plante précieuse par son emploi dans l'industrie, et qui sert aussi de pâturage aux troupeaux. Leur altitude varie de 500 à 1000 mètres au-dessus du niveau de la mer. Il n'y a qu'un très petit nombre d'habitants sédentaires sur les Hauts-Plateaux. La majorité des tribus arabes y campent.

Le **Sahara** est un vaste désert tantôt sablonneux, tantôt pierreux, où l'on ne peut cultiver que des *oasis*, arrosées soit par des sources, soit par des nappes souterraines, soit par des puits artésiens. Dans ces oasis se trouvent des villages ou ksours, entourés de jardins de dattiers.

Les tribus nomades parcourent le Sahara avec leurs troupeaux de moutons et de chameaux. Elles viennent camper près des oasis au moment de la récolte des dattes, remontent vers les Hauts-Plateaux pendant l'été lorsque les pâturages du sud sont desséchés, et redescendent, au contraire, dans le Sahara au moment des pluies d'hiver.

5. On appelle **Atlas tellien** ou **Chaîne tellienne** l'ensemble des montagnes du Tell.

On appelle **Atlas saharien** ou **Chaîne saharienne**, l'ensemble des montagnes qui limitent le Sahara au nord.

6. Les principaux massifs des montagnes du Tell sont (de l'ouest à l'est) : les monts de *Tlemcem*, de *Daya*, de Saïda, le Massif de l'**Ouarsenis**, appelé par les Arabes l'*Œil du monde* (1,985 mètres d'altitude), les monts du *Titeri*, les montagnes de la **Grande-Kabylie** (où le point culminant dans le *Djurdjura* a 2,308 mètres) les montagnes de la *Petite-Kabylie*, avec la chaîne des *Babor* et celle des *Biban*, les monts de *Constantine* et de la *Medjerda*, et, en Tunisie, les montagnes de la Kroumirie.

---

7. Les massifs principaux de la chaîne saharienne sont les monts des *Ksour* (point culminant 2,200 mètres), le **Djebel Amour** (1,900 mètres), les monts des *Oulad Nayl*, les monts du *Zab*, le massif de l'**Aurès** (point culminant 2,328 mètres), les monts des *Nemencha*, et en Tunisie, les plateaux pierreux, *Hamadas*.

8. Les Hauts-Plateaux sont compris entre la chaîne tellienne et la chaîne saharienne. Les eaux de pluie qu'ils reçoivent se rassemblent dans les parties creuses et forment des lacs temporaires ou permanents qu'on appelle chotts, zahrès ou sebkhas.

Une seule rivière, le **Chelif**, prend sa source dans la chaîne saharienne, traverse les plateaux et se jette dans la Méditerranée.

Toutes les autres rivières côtières descendent des montagnes du Tell. Ce sont des torrents qui causent parfois de dangereuses inondations en hiver et qui sont desséchés en été. On retient leurs eaux par des barrages pour les besoins de l'agriculture.

Les principales rivières du Tell sont, en allant de l'est à l'ouest : la *Tafna*, la *Macta*, le **Chelif**, le *Mazafran*, l'*Isser*, le *Sebaou*, le *Sahel*, l'*oued el Kebir*, la *Safsaf*, la *Seybouse*, la **Medjerda** qui coule en Tunisie.

9. Les rivières du versant saharien n'ont ordinairement qu'un lit desséché, mais dans lequel on peut trouver de l'eau en creusant des puits.

Dans la partie occidentale, elles sont dirigées du nord au sud.

Dans la partie orientale, l'oued **Djedi** est dirigé de l'ouest à l'est et se termine dans une grande dépression, le chott Melghir, dont le niveau est, dans sa partie la plus basse, de 31 mètres au-dessous de celui de la Méditerranée.

Le chott Melghir se prolonge vers l'est par d'autres chotts jusque dans les environs du golfe de Gabès, en Tunisie. On a proposé de ramener les eaux de la mer dans cette grande cuvette, en creusant un canal à travers l'isthme de Gabès, de manière à créer une *mer intérieure*.

10. La population de l'Algérie était, au recensement de 1881, de **3,270,000 habitants**, dont 2,850,000 indigènes musulmans de race arabe ou de race kabyle, 35,000 indigènes israélites naturalisés français, 195,000 Français, non compris l'armée, et environ 190,000 Européens étrangers. Parmi ceux-ci, on comptait 114,000 Espagnols et 34,000 Italiens.

Les Arabes sont, en général, pasteurs et vivent sous la tente. Les Kabyles sont en général agriculteurs et vivent dans des villages.

La population est en accroissement continu, mais les Français ne forment qu'environ 55 p. 100 de la population européenne.

11. L'Algérie est administrée par un *gouverneur général civil*. Elle est divisée en trois départements : Alger, Oran, Constantine, qui sont représentés, comme les départements français, par des sénateurs et des députés.

Le territoire est partagé en *territoire civil* administré par les préfets, sous-préfets et administrateurs, et en *territoire militaire*, ou de commandement, administré par les généraux, ayant sous leurs ordres les *bureaux arabes*.

Le territoire militaire comprend les territoires des nomades et une partie du territoire des tribus sédentaires qu'on n'a pu encore organiser suivant les formes françaises. L'importance en diminue chaque jour. Le Tell est presque entièrement en territoire civil.

12. Le **département d'Alger** est divisé en cinq arrondissements : Alger, Tizi-Ouzou, Miliana, Médéa, Orléansville.

La *division militaire* d'Alger comprend cinq subdivisions : Alger, Dellys, Orléansville, Aumale, Médéa. Cette dernière administre les territoires du sud et les tribus nomades avec les oasis de Laghouat, du Mzab, d'Ouargla où sont des garnisons françaises.

13. Le **département d'Oran** est divisé en cinq arrondissements : Oran, Tlemcen, Sidi-bel-Abbès, Mostaganem, Mascara.

La *division militaire* d'Oran comprend trois subdivisions : Oran, Tlemcen, Mascara. Cette dernière administre les territoires du sud et les tribus nomades, avec les postes militaires de Géryville, de Mecheria, d'Aïn-Sefra, etc.

14. Le **département de Constantine** est divisé en six arrondissements : Constantine, Bougie, Sétif, Philippeville, Guelma, Bône.

La *division militaire* de Constantine est divisée en quatre subdivisions : Constantine Sétif, Bône, Batna. Cette dernière administre les territoires du sud, avec les postes militaires de Tebessa, Biskra (une des plus belles oasis sahariennes), les oasis de l'oued Righ avec Tougourt et les oasis du Souf.

15. La **Tunisie** est placée, depuis 1881, sous le protectorat de la France. Elle est gouvernée par un bey, sous la surveillance d'un *résident général français*. Le chef-lieu est **Tunis**.

Les villes principales sont Bizerte, Béja, le Kef, **Kairouan**, Sousse, Sfax, les oasis de Gabès, et, dans le sud, Gafsa.

La vallée de la Medjerda est la partie la plus fertile.

16. Chemins de fer. — Parallèlement à la côte, un chemin de fer met en relation Oran, Alger, Constantine, Tunis.

Perpendiculairement à la côte sont les lignes : d'Oran à Ras-el-Ma; d'Arzeu à Mecheria; de Philippeville et de Bône à Constantine et Batna, avec prolongement en construction sur Biskra.

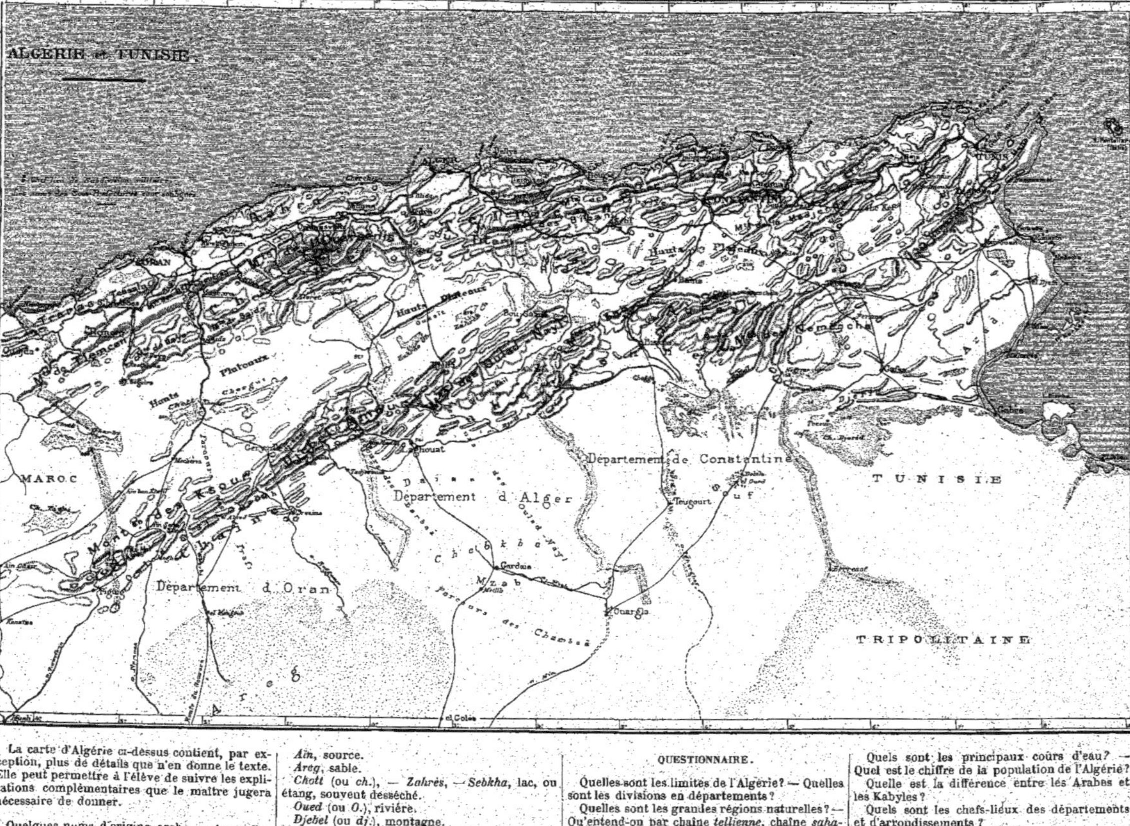

La carte d'Algérie ci-dessus contient, par exception, plus de détails que n'en donne le texte. Elle peut permettre à l'élève de suivre les explications complémentaires que le maître jugera nécessaire de donner.

Quelques noms d'origine arabe sont usuellement employés dans la géographie de l'Algérie. Les suivants sont fréquemment répétés :

Aïn, source.
Areg, sable.
Chott (ou *ch.*), — *Zahrès*, — *Sebkha*, lac, ou étang, souvent desséché.
Oued (ou *O.*), rivière.
Djebel (ou *dj.*), montagne.
Ksar (pl. *Ksour*), village fortifié.

Quelles sont les limites de l'Algérie? — Quelles sont les divisions en départements?

Quelles sont les grandes régions naturelles? — Qu'entend-on par chaîne *tellienne*, chaîne *saharienne?*

Quels sont les massifs et les sommets principaux?

Quels sont les principaux cours d'eau? — Quel est le chiffre de la population de l'Algérie?

Quelle est la différence entre les Arabes et les Kabyles?

Quels sont les chefs-lieux des départements et d'arrondissements?

Qu'entend-on par territoire militaire?

Comment est administrée la Tunisie? Quelles en sont les villes principales?

COLONIES

17. D'une manière générale, on entend par **colonie** un territoire situé en dehors de l'Europe, soumis aux lois françaises, sur lequel est établi un groupe de population française (*colons*) qui s'occupe de commerce ou de l'exploitation de la terre.

On entend par **pays de protectorat** des territoires gouvernés par des chefs du pays sous la protection et la surveillance de la France, dont l'autorité est, d'ordinaire, représentée par un *résident*.

On distingue les colonies en colonies de *peuplement* et en colonies *d'exploitation*.

Dans les colonies de peuplement, les Européens peuvent s'acclimater, s'adonner aux travaux de la terre, fonder des familles et s'y développer. L'Algérie (partie du Tell) peut être considérée comme une colonie de peuplement.

Dans les colonies d'exploitation, le climat ne permet généralement pas aux Européens de travailler.

La France a eu de grandes colonies de peuplement, comme le Canada dont la population est toujours de race et de langue françaises et de grandes colonies d'exploitation, comme les Indes. Elle les a perdues à la suite de longues guerres avec l'Angleterre. Depuis, elle s'est efforcée d'en créer de nouvelles.

Une colonie est utile pour permettre l'extension de la race et de la puissance françaises, pour favoriser le développement de l'industrie et du commerce, surtout du commerce maritime. Certaines colonies sont nécessaires pour offrir des ports de refuge et des approvisionements à la marine de guerre et à la marine marchande dans les mers lointaines.

Toutes les possessions actuelles de la France (à l'exception de l'Algérie, Saint-Pierre et Miquelon) sont dans la zone tropicale. Ce sont des colonies d'exploitation.

COLONIES D'AFRIQUE.

18. Sénégal. — Cette colonie tire son nom du fleuve sur les rives duquel sont les établissements français.

Le chef-lieu est **Saint-Louis** (12,000 hab.) à l'embouchure du Sénégal, dont l'entrée est obstruée par une barre.

Des postes fortifiés protègent les comptoirs ; les principaux sont Podor, Saldé, Matam, **Bakel**, Médine. D'autres jalonnent la route jusqu'au Niger à Bafoulabé, Badoumbé, Kita, Koundou et **Bammako**.

Le Sénégal est navigable jusqu'à environ 300 kilomètres de Saint-Louis. Pendant les crues causées par les pluies de l'hivernage, du mois de juillet au mois de décembre, les avisos remontent jusque près de Médine.

Le climat est très chaud, malsain pour les Européens.

La population est de race noire. Une partie est idolâtre. Les Maures et les Toucouleurs sont musulmans fanatiques ; ces derniers sont guerriers et très hostiles.

On a transporté une canonnière qui navigue sur le Niger. On a commencé un chemin de fer de Médine au Niger dans l'espoir de commercer plus tard avec les régions fertiles du **Soudan**.

Un câble télégraphique relie Saint-Louis avec les îles du Cap Vert et l'Europe.

Dakar est un bon port près du cap Vert, en face l'île de Gorée, à 270 kilomètres de Saint-Louis. On a construit un chemin de fer de Saint-Louis à Dakar.

19. Dépendances. — Sous ce nom on comprend la côte au sud du Sénégal qu'on appelle aussi *Petite Côte*. Un grand nombre de rivières navigables viennent s'y jeter et la France y possède plusieurs postes et comptoirs qui forment le deuxième arrondissement de la colonie du Sénégal. La résidence du lieutenant gouverneur est à **Benty** dans la Mellacorée.

Il y a des postes militaires à **Sedhiou** dans la *Casamance*, à **Boké** dans le rio Nuñez.

Des comptoirs dans la rivière *Cassinie*, au *rio Pongo*, etc.

Le **Fouta Djalou**, ville principale *Timbo*, pays montagneux, est, depuis 1881, sous le protectorat de la France.

Le commerce consiste dans l'exportation de la gomme, d'un peu d'or et des arachides, qui servent à faire de l'huile.

20. Côte de Guinée. — Elle se divise en Côte d'Ivoire, Côte d'Or, Côte des Esclaves.

La France possède :

1° Sur la Côte d'Ivoire près du royaume des Achantis, les comptoirs de **Grand-Bassam** et d'**Assinie** (depuis 1842).

2° Sur la Côte des Esclaves, près du royaume du Dahomey, des comptoirs au *Grand Popo* et un poste à *Cotonou;* elle a sous son protectorat le pays de **Porto-Novo** (depuis 1864).

21. Gabon et Congo français. — Au sud de l'équateur, la France possède l'estuaire du Gabon et un vaste territoire (670,000 kil. carrés), encore inconnu en partie, auquel on a aussi donné le nom d'**Ouest africain**. Il a été exploré par M. de Brazza à partir de 1876 et les limites en ont été approximativement fixées par la convention internationale de Berlin (février 1885), qui a constitué, sous le nom d'*État indépendant du Congo*, presque tout le bassin du fleuve Congo. Cet État neutre, placé sous la souveraineté du roi des Belges, est ouvert au commerce libre de toutes les nations. Une partie du territoire français est comprise dans la zone du commerce libre.

Le territoire français confine au nord à la baie de Campo, qui le sépare du territoire allemand de *Cameroun;* au sud, il confine aux possessions portugaises du Chiloango.

Les points principaux sont : **Libreville** dans l'estuaire du Gabon, occupé depuis 1842; les stations du *cap Lopez* et de l'embouchure *du Kouilou*, avec le poste de Ngotou aux chutes du fleuve ; *Loango*, centre du commerce de la vallée du Kouilou et *Pointe-Noire*.

Les rivières qui mettent l'intérieur du pays en relation avec la côte sont : l'**Ogôoué**, avec les stations principales de Njolé et Franceville; le **Kouilou-Niari**, dans la vallée duquel sont plusieurs stations ; le **Congo**, et son affluent l'**Alima**, avec plusieurs stations dont la principale est **Brazzaville**, sur le Congo.

Les principaux objets de commerce sont l'ivoire, et surtout le *caoutchouc*.

Le climat est très chaud; comme dans toutes les régions tropicales africaines, les Européens ne peuvent y séjourner plusieurs années sans inconvénient.

22. Dans les mers de la côte orientale d'Afrique, la France possède, depuis 1643, l'île de la **Réunion** (autrefois île Bourbon), volcanique et montueuse. 170,000 habitant dont 120,000 créoles français. Chef-lieu : *Saint-Denis*. Elle produit la canne à sucre, le café, la vanille. Le sol est cultivé par des travailleurs noirs, par des Indous, engagés dans les Indes, et par des Chinois.

La France possédait aussi l'île voisine de Maurice, qui lui a été enlevée par les Anglais en 1814.

23. Les îles **Comores**, à l'entrée du canal de Mozambique, ont été déclarées possessions françaises en 1886.

L'île principale est **Mayotte** ; population noire de 10,000 habitants, environ 200 habitants de race blanche; occupée depuis 1843.

24. La France a établi en 1885 son protectorat sur **Madagascar**, grande île d'environ 400 lieues de long sur 100 lieues de large, habitée par diverses tribus noires, dont la plus importante est celle des *Hovas*. Population évaluée à 3 millions d'habitants ; sol montueux dans l'intérieur, très fertile dans les vallées.

La France a pris possession de la baie de *Diego-Suarès* dans le nord de l'île.

La capitale est *Tananarive;* le port principal *Tamatave*, sur la côte orientale, Mojanga sur la côte occidentale.

La France possède aussi la petite île de *Sainte-Marie*, 6,000 habitants, près de la côte orientale, et l'île de **Nossy-bé**, près de la côte occidentale, environ 10,000 habitants, dont 200 de race blanche.

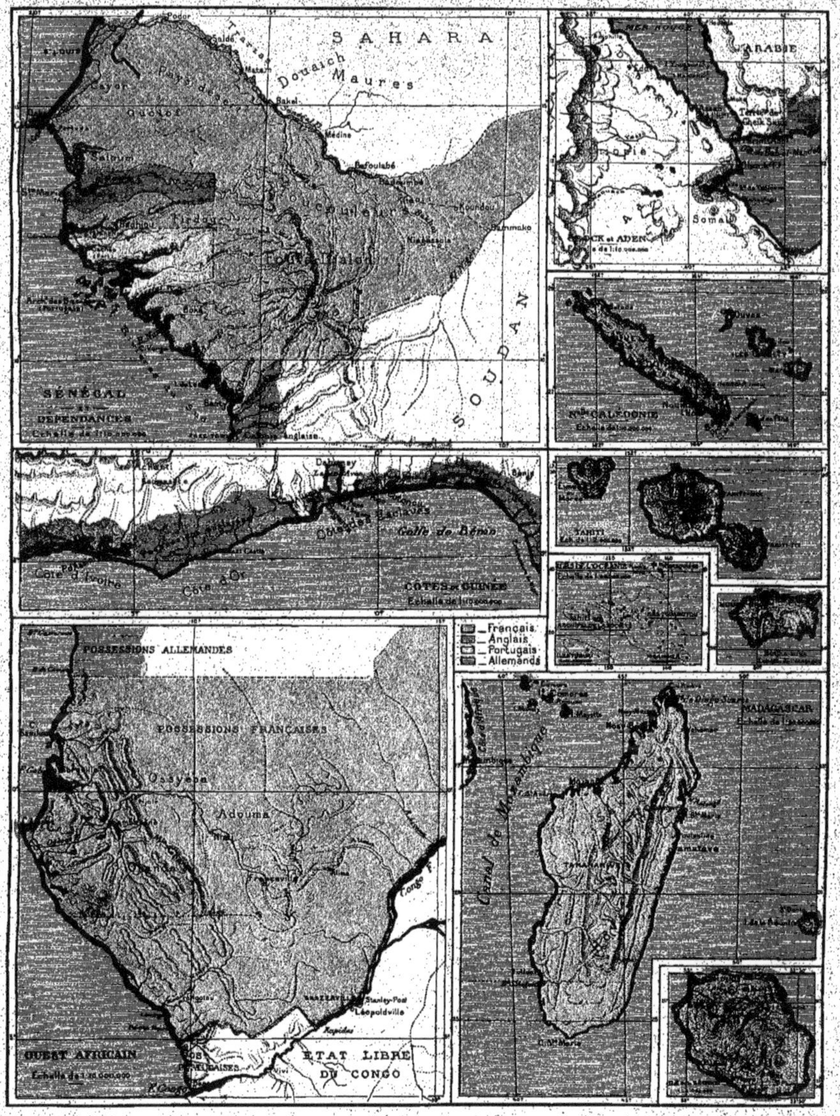
SAHARA
Douaich
Maures
SOUDAN
SÉNÉGAL
DÉPENDANCES
ARABIE
Somali
Nle CALÉDONIE
Côte de Bénin
Côte d'Ivoire
Côte d'Or
CÔTES de GUINÉE
POSSESSIONS ALLEMANDES
POSSESSIONS FRANÇAISES
Ogooué
Adouma
Congo
Stanley-Pool
Léopoldville
OUEST AFRICAIN
ÉTAT LIBRE DU CONGO
Français
Anglais
Portugais
Allemands
MADAGASCAR
Canal de Mozambique

25. Près du détroit dit Bab-el-Mandeb, à l'entrée de la mer Rouge, la France a fondé, en 1884, à **Oboek**, sur les côtes d'Afrique, une station maritime comme point de relâche et dépôt de charbon pour l'approvisionnement de ses flottes de guerre.

La température est excessive et s'élève parfois à plus de 50°.

En face, la côte d'Arabie est occupée par les Anglais, qui ont le grand port d'Aden, point de relâche de tous les navires qui vont dans les Indes.

COLONIES D'ASIE.

26. Dans les Indes, la France avait autrefois de grands domaines dont l'Angleterre s'est emparée au siècle dernier. Il ne lui reste que **cinq** villes avec un territoire restreint. Ce sont : sur la côte orientale ou côte de *Coromandel*, **Pondichéry**, chef-lieu des établissements de l'Inde, *Yanaon, Karikal;* sur la côte occidentale ou côte de *Malabar :* Mahé ; sur le Gange, *Chandernagor.*

27. Dans l'**Indo-Chine**, la France possède la Cochinchine ; elle a établi son protectorat sur le royaume du Cambodge, sur l'Empire d'Annam et sur le Tonkin.

La Cochinchine française comprend le delta du Mékong qui appartenait à l'Annam, et a été conquis de 1859 à 1862.

Le chef-lieu **Saïgon** (14,000 hab.) offre un excellent port.

Les villes les plus importantes sont Colon, à peu de distance de Saïgon, grand centre du commerce, My-tho, Bien-Hoa.

La population est de 1,550,000 habitants dont 1,900 Européens et 58,000 Chinois.

La culture principale est celle du riz, dont il se fait un grand commerce d'exportation. Le climat est chaud et humide, défavorable aux Européens.

Le **Mékong** est un grand fleuve qui forme à son delta plusieurs bras navigables, mais, en amont, la navigation est interrompue par des rapides.

28. Le royaume du **Cambodge** (1 million d'hab.), capitale Pnom-Penh, est sous le *protectorat* de la France. Il est traversé par le Mékong qui reçoit les eaux d'un grand lac sur les bords duquel ont été découvertes près d'Angkor des ruines magnifiques des temples et des palais de l'ancien royaume des *Khmers.*

29. L'**Empire d'Annam**, capitale **Hué**, comprend une bande de territoire peu fertile, resserrée entre la côte et les montagnes.

Le **Tonkin** est un pays dépendant de l'Annam ; il est traversé par le *fleuve Rouge* ou Song-Coï, qui descend de la province chinoise du Yunnan et forme un vaste delta, fertile comme celui du Mékong. Le chef-lieu est **Hanoï** ; le port principal est *Haï-phong*. Les villes principales sont : Nam-Dinh, Hay-Duong, Son-Tay, Hung-Hoa Bac-Ninh, Lang-Son.

Le climat est plus tempéré que celui de la Cochinchine. Pendant les mois d'hiver, la température s'abaisse et les Européens peuvent reprendre leurs forces.

La France a imposé son protectorat sur le Tonkin et sur l'Empire d'Annam, en 1885, à la suite d'une guerre de plusieurs années contre les Annamites et contre la Chine, dont l'empire d'Annam était vassal. Ses droits de protectorat ont été reconnus par la Chine au traité de *Tien Tsin* (1885).

La France occupe militairement le Tonkin pour en assurer la pacification. Elle est représentée dans l'Indo-Chine par un *résident général.*

ÉTABLISSEMENTS FRANÇAIS DE L'OCÉANIE.

30. Ils comprennent une centaine d'îles groupées en plusieurs archipels voisins, sur la route de l'Australie à l'*isthme de Panama.*

Le chef-lieu de ces établissements est *Papeete*, dans l'île de **Tahiti**, qui fait partie de l'**archipel des îles de la Société.**

Le protectorat français est établi depuis plusieurs années sur tout cet archipel, mais les conditions n'en sont pas encore officiellement fixées.

Tahiti a été annexé en 1880, ainsi que les îles *Gambier*, l'archipel *Touamotou*, l'archipel de *Touboumï* et les îles *Marquises*, dont la principale est **Nouka-Hiva**.

Ces îles jouissent d'un climat délicieux, elles sont peu peuplées. Les habitants, au nombre d'environ 25,000 seulement, sont d'une nature douce.

On compte un millier d'Européens et quelques centaines de Chinois, engagés comme travailleurs. Situées au point de croisement des principales routes maritimes du grand Océan, ces îles offrent d'utiles points de relâche et de bonnes stations militaires.

31. La **Nouvelle-Calédonie**, chef-lieu *Nouméa*, occupée en 1853, est une grande île de forme allongée située à 350 lieues marines de Sydney (Australie), à 50 jours de navigation de Marseille par Suez et Sydney. Elle a 320 kilomètres de long sur environ 50 kilomètres de large.

Bien qu'elle soit située dans la zone tropicale, son climat est salubre pour les Européens.

C'est un lieu de transportation pour les condamnés aux travaux forcés.

La population indigène est évaluée à 21,000 habitants, de race noire, vivant, en général, à l'état sauvage. En 1885, on comptait 3,700 colons libres et 11,000 condamnés à la transportation.

De la Nouvelle-Calédonie dépendent l'île des **Pins** et les îles **Loyalty** (17,000 hab.).

Au nord, se trouve l'archipel des **Nouvelles-Hébrides**, dont la France a fait occuper deux ports en juin 1886.

COLONIES D'AMÉRIQUE.

32. Près des côtes de l'**Amérique du Nord**, la France a conservé les petites îles de *Saint-Pierre* et *Miquelon*, au sud de l'île de Terre-Neuve, importantes comme centre des pêcheries françaises de morue sur le banc de Terre-Neuve.

33. Dans la **Mer des Antilles**, la France possède :

La **Martinique** (163,000 hab.), île montagneuse et boisée. — Chef-lieu, *Fort-de-France*. — Ville principale, *Saint-Pierre*. — La Martinique cultive le café et la *canne à sucre*, qui donne le sucre et le rhum.

La **Guadeloupe** (185,000 habitants avec ses dépendances), composée de deux îles, l'une plate, *Grande-Terre*, l'autre montagneuse, *Basse-Terre*. La *Rivière Salée* les sépare.

Chef-lieu, *Basse-Terre*. Ville principale, *La Pointe-à-Pitre.*

C'est, comme la Martinique, une des anciennes colonies de la France. Les cultures sont les mêmes qu'à la Martinique.

Du gouvernement de la Guadeloupe dépendent quelques autres petites îles : la *Désirade*, *Marie-Galante*, les *Saintes*, et, plus au nord, *Saint-Barthélemy* et une partie de l'île *Saint-Martin.*

34. Sur les côtes de l'**Amérique du Sud**, la France possède une partie de la **Guyane**, chef-lieu, Cayenne.

C'est un vaste territoire, au nord de l'embouchure de l'Amazone et s'étendant du fleuve *Oyapok* au fleuve *Maroni*. Le climat est tropical et malsain pour les Européens ; l'intérieur, couvert de forêts, n'est habité que par des sauvages ; les rares établissements français sont situés sur la côte ou sur les fleuves.

Au sud de l'Oyapok se trouve un territoire, depuis longtemps contesté entre le Brésil et la France.

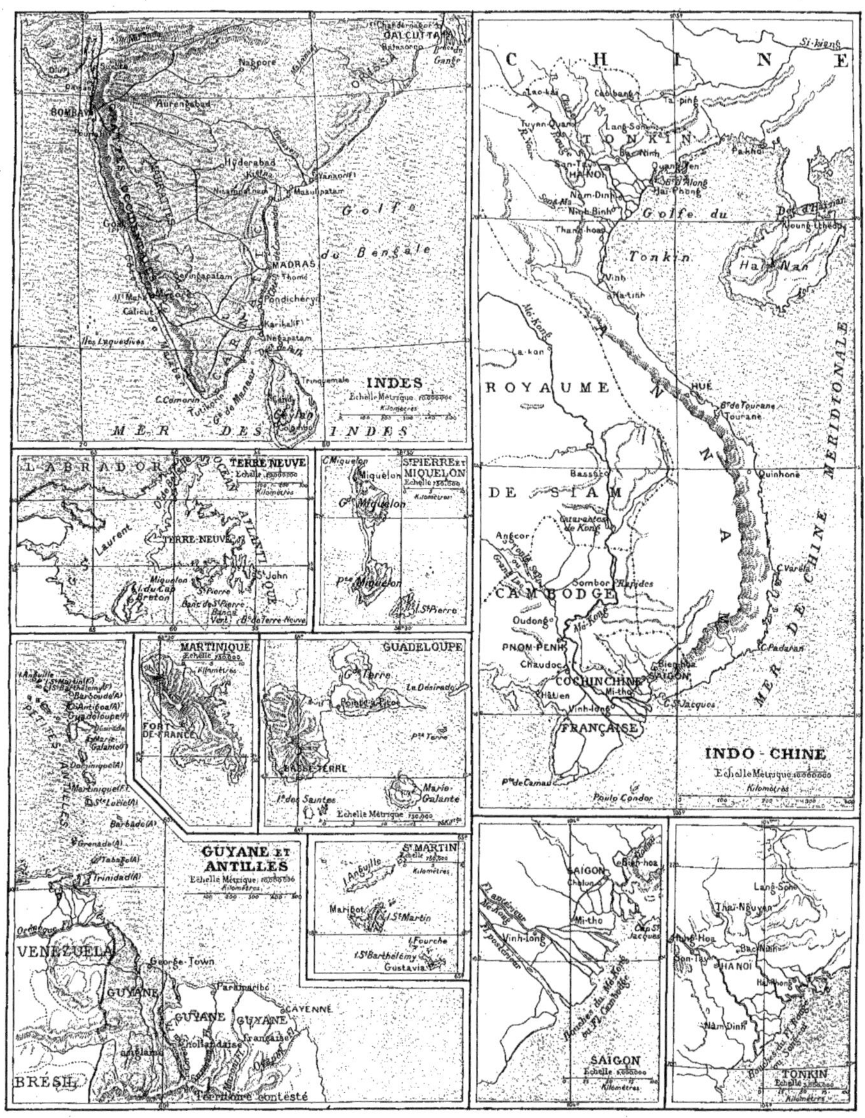
INDES
Echelle Métrique
Kilomètres
MER DES INDES
BOMBAY
Aurengabad
Hyderabad
MADRAS
Pondichéry
Calicut
Trinquemale
C. Comorin
Iles Laquedives
CALCUTTA
Nagpore
Golfe de Bengale
Ceylan
LABRADOR
TERRE-NEUVE
TERRE-NEUVE
OCEAN ATLANTIQUE
Laurent
St John
Miquelon
I. du Cap Breton
Banc de St Pierre
Bane Vert
Bc de Terre-Neuve
C. Miquelon
Miquelon
Gde Miquelon
Pte Miquelon
St PIERRE ET MIQUELON
Echelle
Kilomètres
St Pierre
MARTINIQUE
Echelle
Kilomètres
FORT-DE-FRANCE
GUADELOUPE
Gde Terre
La Désirade
Pointe-à-Pitre
Pte Terre
BASSE-TERRE
Iles des Saintes
Marie-Galante
Echelle Métrique
Anguilla (A)
St Barthélemy
Barboude (A)
Antigoa (A)
Guadeloupe (F)
Dominique
Marie-Galante
Martinique (F)
Ste Lucie (A)
Barbade (A)
Grenade (A)
Tabago (A)
Trinidad (A)
GUYANE ET ANTILLES
Echelle Métrique
Kilomètres
VENEZUELA
George-Town
GUYANE
Paramaribo
CAYENNE
GUYANE Hollandaise
GUYANE Française
BRÉSIL
Territoire contesté
St MARTIN
Echelle
Kilomètres
Anguilla
Marigot
St Martin
La Fourche
I. St Barthélemy
Gustavia
CHINE
Si-kiang
TONKIN
Lao-kai
Caobang
Ta-ping
Tuyen-Quan
Lang-Son
HANOI
Son-Tay
Bac-Ninh
Quang-Yen
Nam-Dinh
Hong-Yen
Kong-Along
Hai-Phong
Ninh-Binh
Thanh-hoa
Golfe du Tonkin
Det d'Hainan
Young-Tcheou
Vinh
Ha-tinh
Hai-Nan
ROYAUME
DE SIAM
Me-Kong
La-kan
HUÉ
Bde Tourane
Tourane
Bassac
Quinhone
Angcor
Cataractes de Kong
CAMBODGE
Sombor
Rapides
Me-Kong
Oudong
PNOM-PENH
Chaudoc
COCHINCHINE
Hatien
Bien-hoa
SAIGON
Mi-tho
Vinh-long
Jacques
FRANÇAISE
Pte de Camau
Poulo-Condor
C. Varella
C. Padaran
MER DE CHINE MÉRIDIONALE
INDO-CHINE
Echelle Métrique
Kilomètres
ANNAM
SAIGON
Cholon
Bien-hoa
Mi-tho
Cap St Jacques
Vinh-long
SAIGON
Echelle
Kilomètres
Lang-Son
Thai-Nguyen
Bac-Ninh
Thanh-Hoa
Son-Tay
HANOI
Hai-Phong
Nam-Dinh
TONKIN
Echelle
Kilomètres

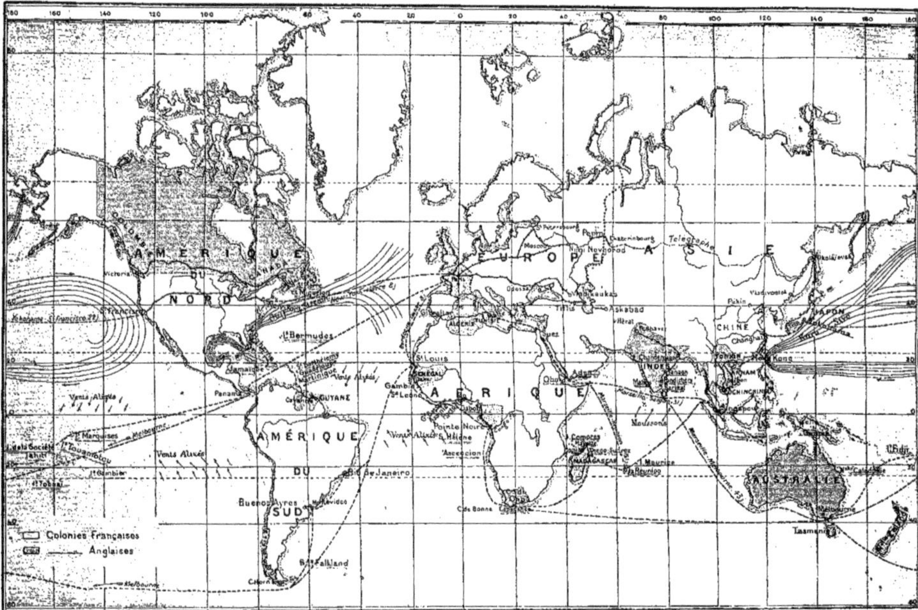

La carte ci-dessus indique les colonies françaises et anglaises, de manière à permettre la comparaison entre l'empire colonial de la France et celui de l'Angleterre. Elle indique également le tracé des communications principales à travers l'Asie et l'Amérique, et les lignes de navigation par lesquelles les colonies sont en communication avec la France.

Marseille est le point de départ principal des navires qui se rendent dans les Indes, les mers de la Chine, sur les côtes orientales d'Afrique et dans l'Océanie par le canal de Suez :

Les principales stations françaises, ou sous le protectorat français, sont : sur la route de la *Chine:* **Oboek,** à l'entrée de la mer Rouge ; **Mahé** et **Pondichéry,** dans les Indes ; **Saïgon,** dans la Cochinchine, **Hay-Phong,** au Tonkin.

Sur la route des côtes d'Afrique : **Saint-Denis,** dans l'île de la Réunion ; **Diego-Suarez,** sur la côte nord de Madagascar ; *Tamatave* et l'île de *Sainte-Marie* sur la côte orientale ; l'île de *Nosi-bé* et *Mojanga,* sur la côte occidentale ; et les îles **Comores.**

Bordeaux est le point de départ principal des navires qui se rendent sur les côtes occidentales d'Afrique, dans l'Amérique du Sud et dans l'Océanie par le cap Horn.

Les principales stations françaises, sur les côtes occidentales d'Afrique, sont : **Saint-Louis** et **Dakar,** dans le Sénégal ; *Carabane, Boké, Benty,* sur les côtes de la Guinée septentrionale ; *Grand-Bassam, Assinie, Cotonou,* sur les côtes du golfe de Guinée ; **Libreville,** dans l'estuaire du Gabon ; *Loango* et *Pointe-Noire,* plus au sud.

La France ne possède aucune station sur les côtes du continent américain ; mais elle fait un commerce important avec Rio-de-Janeiro (Brésil), Montevideo (Uruguay), Buenos-Ayres (Plata).

Les principales stations françaises de l'Océanie sont **Nouka-Hiva** (îles Marquises) ; **Papeete** (Tahiti) ; **Nouméa** (Nouvelle-Calédonie). Elles sont sur la route de l'isthme de Panama et acquerront plus d'importance encore lorsque le canal de Panama sera achevé.

Saint-Nazaire est le point de départ principal des navires qui se rendent dans les Antilles, où les principaux ports français sont : **La Pointe-à-Pitre** et *Basse-Terre* (Guadeloupe), **Fort-de-France** et *Saint-Pierre* (Martinique).

Le Havre est le point de départ principal des navires qui se rendent dans les ports de l'Amérique du Nord. La France ne possède sur cette route que les îlots de *Saint-Pierre* et *Miquelon,* centres de pêcheries et sans importance commerciale.

L'ancien continent n'est pas encore traversé par des lignes ferrées. On peut aller en chemin de fer de Paris par Moscou à Nijni-Novgorod, et, de là, à Perm par bateau à vapeur, de Perm à Ékaterinbourg, par chemin de fer, d'Ékaterinbourg, à travers la Sibérie, partie par la navigation à vapeur sur les fleuves, partie par une route qui est suivie par une ligne télégraphique ; on atteint ainsi le port russe de Vladivostok, d'où des navires à vapeur conduisent à Yokohama (Japon) et de là, soit à Victoria (Amérique anglaise), soit à San-Francisco (États-Unis).

En Amérique, les chemins de fer transcontinentaux conduisent soit de Victoria à Halifax, soit de San-Francisco à New-York d'où l'on revient, en traversant l'Atlantique, au Havre.

Qu'est-ce qu'une colonie ? — un pays de protectorat ?

Quelles sont les principales colonies françaises de la côte occidentale d'Afrique ? leurs chefs-lieux ? Où est situé le Sénégal ? — le Congo ? — Qu'est-ce qu'on appelle l'Ouest africain ?

Qu'est-ce que Madagascar ? Où est située l'île de la Réunion ? — Mayotte, Obock ?

Quels sont les établissements français dans les Indes ?

Qu'est-ce que la Cochinchine ? Quel est son chef-lieu ? — le Cambodge ? sa capitale ? — l'Annam ? — le Tonkin ? son chef-lieu ?

Quelles sont les îles françaises de l'Océanie ? — Quel est le chef-lieu des établissements français de l'Océanie ? — Où est située la Nouvelle-Calédonie ? Quel est son chef-lieu ?

Quelles sont les îles françaises des Antilles ?

Quelle est l'importance de Saint-Pierre et Miquelon ?

Où est située la Guyane ? quel est le chef-lieu ?

Tracez un voyage autour du monde en suivant les colonies françaises.

VIII. ÉTATS DE L'EUROPE.

1. On partage l'Europe en cinq grandes régions : l'Europe occidentale, l'Europe centrale, l'Europe méridionale, l'Europe septentrionale, l'Europe orientale.

I. EUROPE OCCIDENTALE.

Outre la France, l'Europe occidentale comprend les Iles Britanniques, la Belgique. les Pays-Bas.

ROYAUME-UNI DE GRANDE-BRETAGNE ET D'IRLANDE

35 millions d'habitants.
Capitale : **Londres.**

2. Les Iles Britanniques forment le **Royaume-Uni de Grande-Bretagne et d'Irlande.**
Elles comprennent la **Grande-Bretagne**, l'**Irlande** et les îles voisines, savoir : dans la Manche, l'île de *Wight*, et les îles *Anglo-normandes* (**Jersey**, Guernesey, Aurigny).
Dans la mer d'Irlande : *Man* et *Anglesey*.
Dans l'Atlantique : les *Hébrides*, les *Orcades* et les *Shetland*.

3. La **Grande-Bretagne** comprend l'**Angleterre** avec le *pays de Galles* et l'**Écosse.**
Au sud et au sud-est, sont de grandes plaines. A l'ouest, les montagnes du **pays de Galles.** Au nord, les monts *Cheviot*, et en Écosse les monts *Grampian.*

4. L'**Angleterre** est arrosée par de nombreux cours d'eau, reliés par des canaux et formant, pour la plupart, de larges estuaires favorables à la navigation.
Les principaux sont :
La **Tamise**, qui passe à Londres ;
La **Severn**, qui finit à Bristol ;
La **Mersey**, qui finit à Liverpool.

Londres est la ville la plus peuplée de l'Europe (près de 4 millions d'habitants), et l'une des plus commerçantes du monde.
Le grand port de *Liverpool* et la ville manufacturière de Manchester ont plus de 500,000 habitants. On compte environ trente villes ayant plus de 100,000 habitants. Les principales sont Leeds, fabrique de draps ; Birmingham, industrie du fer ; Stafford, Newcastle, grand commerce de houille ; Hull, Bristol, Southampton, grands ports ; *Portsmouth*, le principal arsenal de guerre ; Douvres, le point le plus rapproché du continent ; Oxford, Cambridge, universités célèbres ; York, Canterbury, archevêchés.

5. L'**Écosse** est très montagneuse ; villes principales : **Édimbourg**, ancienne capitale ; *Glasgow* (511,000 hab.), très importante par son industrie et son commerce.

6. L'**Irlande** est séparée de l'Angleterre par la *mer d'Irlande*, qui communique avec l'océan par le canal Saint-Georges et le canal du Nord. On y trouve un grand nombre de lacs, de grandes plaines très arrosées et verdoyantes ; ce qui lui a fait donner autrefois le nom de la *verte Erin* La principale rivière est le **Shannon.**
Ancienne capitale, **Dublin ;** villes principales : Belfast, centre de l'industrie des toiles ; Cork, port militaire et de commerce.

7. L'agriculture est très développée. Le pays élève une grande quantité de bétail et des chevaux renommés. C'est la contrée d'Europe qui produit le plus de **houille** et de **fer.** Parmi les industries très nombreuses et très diverses, les plus importantes sont : celles du **coton**, la fabrication des machines, la construction des navires.
Le commerce maritime de la Grande-Bretagne est plus considérable que celui d'aucun autre État de la terre ; il dépasse 16 milliards de francs par année.

8. Le peuple anglais a été formé du mélange des anciens Angles avec les Saxons et les Normands, d'où est résultée la race dite *anglo-saxonne* ou *anglo-normande*, qui s'est répandue dans le monde entier par le commerce et la navigation. On trouve des Anglais établis dans tous les pays de la terre. Leur marine l'emporte sur celle de leurs rivaux ; ils sont devenus les maîtres des mers et ont fondé de grandes et prospères colonies.
Les Anglais et les Écossais sont, en général, protestants. Les Irlandais sont un peuple à part, de religion catholique, et souvent hostile aux Anglais.

9. **Colonies.** — La puissance anglaise n'est pas concentrée en Angleterre, et l'on ne peut s'en rendre compte qu'en étudiant l'extension de ses colonies.
L'Angleterre a pour ses flottes de guerre et de commerce des stations militaires, des ports de refuge et des dépôts de charbon sur toutes les routes maritimes du globe.
Les principales stations par lesquelles elle s'est assuré la domination des mers, sont :
Dans la Méditerranée : **Gibraltar, Malte,** et l'île de **Chypre ;**
Près des côtes de France : les *îles Anglo-normandes ;*
Sur les côtes d'Allemagne : *Helgoland ;*
Sur la route des Indes par Suez, elle occupe militairement l'Égypte et le canal de Suez et possède **Aden**, l'île de Périm, et plusieurs autres points des côtes à l'entrée de la mer Rouge ;
Sur la route par le cap de Bonne-Espérance, elle possède les îles de l'*Ascension*, de *Sainte-Hélène*, devenue célèbre par la captivité et la mort de Napoléon ; la ville du **Cap**, l'île **Maurice ;**
Sur les routes des mers de la Chine : **Singapore, Hong-Kong ;**
Dans l'océan Atlantique : **Halifax** (sur la côte de l'Amérique), les îles Bermudes, plusieurs des Antilles dont les principales sont la **Jamaïque** et la **Barbade.**
Dans le Grand océan : *Victoria*, sur la côte de l'Amérique ; les îles Viti, la Nouvelle-Zélande, les ports de l'Australie : *Sydney*, **Melbourne**, etc.

10. Les grandes colonies anglaises sont : le **Dominion du Canada**, cap. *Ottava*. (Voir Amérique du Nord.)
La colonie du **Cap de Bonne-Espérance.** (Voir Afrique.)
L'**Australie**, qui comprend tout un continent. Villes principales : Sydney, Melbourne. (Voir Océanie.)
Enfin, l'**Empire des Indes**, cap. *Calcutta*, le plus bel empire colonial du monde, immense région d'une richesse proverbiale, peuplée d'environ 240 millions d'habitants. (Voir Asie.)

ROYAUME DE BELGIQUE.

ROYAUME DE BELGIQUE.

6 millions d'habitants.
Capitale **Bruxelles**.

11. La Belgique se divise en deux parties : à l'ouest, la plaine ; à l'est, le plateau des Ardennes. Elle est arrosée par la *Meuse* et par l'*Escaut*.

Capitale **Bruxelles** (407,000 hab.), belle et grande ville. Villes principales : *Anvers* sur l'Escaut, la principale place de guerre de la Belgique et l'un des ports de commerce les plus importants de l'Europe ; Liège, Gand, Bruges, Namur, Verviers, cités industrielles.

L'industrie est très développée, principalement l'extraction de la houille, la fabrication des armes, des machines, des tissus et des dentelles.

La Belgique est un pays neutre.

ROYAUME DES PAYS-BAS.

4 millions d'habitants.
Capitale **Amsterdam**.

12. Le royaume des **Pays-Bas** est ainsi nommé parce que le sol est une plaine basse ; il porte aussi le nom de *Hollande*. Le *Rhin* et la *Meuse* s'y ramifient en un grand nombre de bras réunis par des canaux. Une partie des terres sont au-dessous du niveau des eaux et protégées par des digues. Ce sont les *polders*, d'une merveilleuse fertilité.

Le golfe du *Zuiderzée* a été, en partie, formé au XVe siècle par une inondation de la mer.

La Haye est la résidence du gouvernement ; **Amsterdam** est la capitale officielle (350,000 hab.) ; **Rotterdam** est une grande ville de commerce.

Les Hollandais ont été un des plus grands peuples navigateurs de l'Europe. Leur empire colonial, dont les Anglais ont pris une partie, est encore considérable. Ils possèdent en Océanie de grandes îles : **Java**, Sumatra, Bornéo, Célèbes, les Moluques, toutes très fertiles, qui ont une population de plus de 25 millions d'habitants.

13. Le **Grand-duché de Luxembourg** est un petit État neutre, dont le roi des Pays-Bas est le souverain, mais qui ne fait pas partie du royaume.

II. EUROPE CENTRALE.

L'Europe centrale comprend : l'Empire allemand, l'Autriche-Hongrie et la Suisse.

EMPIRE ALLEMAND.

45 millions d'habitants.
Capitale **Berlin**.

14. L'**empire allemand** est une confédération de vingt-six États constituée en 1871, à la suite des victoires remportées sur la France.

15. Au centre de l'Europe centrale se trouve un nœud de montagnes remarquable, le **Fichtel Gebirge** (montagne des Pins) où se croisent les principales chaînes de l'Allemagne :

Ce sont : au nord-est, les *monts Métalliques* (Erz-Gebirge) qui se prolongent à l'est par les *monts des Géants* (Riesen Gebirge) et les Sudètes.

Au sud-est, les *monts de Bohême*.

Au sud-ouest, le *Jura de Franconie* prolongé par le *Jura de Souabe*.

Au nord-ouest, les *monts de Thuringe*. Plus au nord est le massif isolé du *Harz*.

A l'ouest, la *Forêt-Noire*, faisant face aux Vosges, borde le Rhin sur sa rive droite.

Le Rhin, coulant du sud au nord, traverse un plateau formé par le *Taunus* sur sa rive droite, le *Hunsrück* et l'*Eifel* sur sa rive gauche.

La région comprise entre le Rhin, les Alpes, la Bohême et les monts de Thuringe est montagneuse ; elle s'appelle la *Haute-Allemagne* ou Allemagne du sud.

La région comprise entre les montagnes et la mer est un pays de plaines. Elle s'appelle *Basse-Allemagne* ou Allemagne du nord.

16. Les **côtes de la mer du Nord et de la mer Baltique** sont, en général, basses et sablonneuses. Les ports principaux sont, en allant de l'ouest à l'est :

Sur la mer du Nord : **Wilhemshafen**, grand port de guerre ; **Hambourg** et **Brême**, grands ports de commerce et villes libres.

Sur la mer Baltique : **Kiel**, grand port de guerre ; *Lübeck*, ville libre ; Stettin, Danzig, *Kœnigsberg*, ports de commerce et places de guerre.

La mer Baltique et la mer du Nord communiquent par le canal de l'*Eider*, et par un canal en construction entre Kiel et Hambourg.

17. Les **grands fleuves** de l'Allemagne sont le Rhin, la Weser, l'Elbe, l'Oder et la Vistule, qui coulent du sud au nord ; le Danube, qui coule de l'ouest à l'est.

Le **Rhin** est le plus grand fleuve de l'Allemagne. Les principales villes de son cours sont : Strasbourg, Mayence, Coblenz, Cologne, Wesel, grandes places fortes.

Il reçoit, rive gauche, la *Moselle*, qui passe à Metz et à Trèves.

Il reçoit, rive droite, le *Neckar*, qui passe à Stuttgard, cap. du Wurttemberg ;

Le *Mein*, qui passe à Francfort, grande ville de commerce ;

La *Ruhr*, qui traverse une région houillère et industrielle.

La **Weser** traverse le Hanovre et passe à Brême.

L'**Elbe** sort du plateau de Bohême, passe à Magdebourg, forme à partir de Hambourg un large estuaire ; elle reçoit : rive gauche, la *Saale* qui traverse la Thuringe ; rive droite,

la *Havel*, dont l'affluent, la *Sprée*, passe à **Berlin**.

En face son embouchure, se trouve l'île d'*Helgoland*, qui appartient à l'Angleterre.

L'**Oder** traverse la Silésie, passe à Breslau, finit à Stettin. Elle reçoit la *Warthe*, qui passe à Posen. Elle communique par des canaux avec l'Elbe et la Vistule.

La **Vistule**, qui vient de Pologne, forme un delta, sur un bras duquel est Danzig.

Le **Danube** sort de la Forêt-Noire ; les villes principales de son cours sont Ulm, Ratisbonne, Passau. Il reçoit, rive droite, le *Lech* (Augsbourg), l'*Isar* (Munich) ; l'*Inn*, son principal affluent, tombe à Passau.

Il communique par un canal avec le Mein.

18. Le **royaume de Prusse** est l'État prépondérant ; le roi de Prusse est, en même temps, empereur d'Allemagne.

Berlin (1,120,000 hab.), sur la Sprée, est la capitale de la Prusse et de l'Empire.

La Prusse est divisée en douze grandes provinces : *Prusse orientale*, Kœnigsberg ; *Prusse occidentale*, Danzig ; *Province de Posen*, formée de l'ancienne Pologne ; *Silésie*, Breslau ; *Brandebourg*, Berlin ; *Poméranie*, Stettin ; *Schleswig-Holstein*, Altona, enlevé au Danemark en 1864 ; *Hanovre*, Hanovre, pris en 1866 ; *Saxe*, Magdebourg ; *Hesse*, Cassel, prise en 1866 ; *Westphalie*, Munster ; *Province Rhénane*, Coblenz.

19. Les 25 autres États de l'Allemagne sont :

Trois royaumes :
Royaume de Bavière, cap. **Munich**.
Royaume de Saxe, cap. **Dresde** ; ville principale, *Leipzig*, université célèbre.
Royaume de Wurttemberg, cap. **Stuttgard**.

Six grands-duchés :
Grand-duché de Bade, cap. Karlsruhe.
Grand-duché d'Oldenbourg, cap. Oldenbourg.
Grand-duché de Hesse-Darmstadt, cap. Darmstadt.
Grands-duchés de Mecklenbourg, divisés en Mecklenbourg-Schwerin et Mecklenbourg-Strelitz.
Grand-duché de Saxe-Weimar.

Cinq duchés :
Duchés d'Anhalt, de **Brunswick**, de **Saxe-Gotha**, de **Saxe-Meiningen**, de **Saxe-Altenbourg**.

Sept principautés et trois villes libres : **Brême**, **Hambourg**, **Lubeck**.

L'**Alsace-Lorraine**, chef-lieu Strasbourg, enlevée à la France en 1871, forme une province à part (Reichsland ou *Terre d'Empire*), gouvernée directement par l'empereur.

L'Allemagne a une agriculture florissante, surtout en Saxe et en Bavière ; elle possède sur les bords de la Ruhr, dans la Haute-Silésie et la Saxe, de riches bassins houillers et d'importantes usines métallurgiques ; l'Alsace, la Saxe, la Silésie sont renommées pour leurs tissus.

Depuis 1884, l'Allemagne, qui n'avait pas de colonies, a occupé plusieurs stations maritimes en Afrique et en Océanie ; son commerce maritime est étendu.

CONFÉDÉRATION HELVÉTIQUE.

3 millions d'habitants.
Capitale fédérale **Berne**.

20. La **Suisse**, ou Confédération helvé-tique, comprend 22 cantons. Elle est sé-parée de la France par le Jura; de l'Italie par les Alpes centrales; de l'Autriche et de l'Allemagne par le Rhin. Elle comprend la vallée supérieure du **Rhône** ou Valais avec une partie du *lac de Genève;* la vallée supé-rieure du **Rhin** avec le *lac de Constance;* la vallée supérieure de l'**Inn** ou Enga-dine; la vallée supérieure du **Tessin** avec une partie du lac Majeur.

Elle est traversée par l'**Aar** et par la *Reuss,* affluent de l'Aar, qui forme le beau **lac des Quatre-Cantons;** par la *Limmat,* qui forme le *lac de Zurich.*

Capitale fédérale : *Berne.* Villes princi-pales : Bâle, Lucerne, Zurich, Genève.

La principauté de **Liechtenstein** est un petit État situé entre la Suisse et l'Autriche.

AUTRICHE-HONGRIE.

39 millions d'habitants.
Capitale **Vienne**.

21. La monarchie austro-hongroise com-prend deux États que gouverne le même souverain : l'**empire d'Autriche**, capitale Vienne; le **royaume de Hongrie**, capitale Budapest. La *province de Bosnie,* chef-lieu Serayevo, qui appartient à l'empire otto-man, est occupée par l'Autriche.

Les principales provinces qui relèvent de la couronne d'Autriche sont : l'*archi-duché d'Autriche,* le *Tirol,* le duché de *Salzbourg,* la *Styrie,* la *Bohême,* la *Mora-vie,* la *Galicie,* la *Dalmatie,* etc. Le port principal de l'Autriche est *Trieste;* celui de la Hongrie est *Fiume.*

22. Le **Danube** traverse l'Autriche-Hongrie, en passant par Linz, **Vienne, Budapest.**

Ses principaux affluents sont, sur la rive droite : l'**Inn**, la *Drave* et la *Save,* qui descendent des Alpes; sur la rive gauche : la *Morava* et la **Tisza** (ou Theiss), qui des-cendent des Karpates.

L'**Elbe** prend sa source en Bohême, et passe à Prague.

23. Les grandes régions naturelles de l'Au-triche sont : la région des **Alpes**. La majorité de la population est de race allemande. Les provinces de cette région ont été le noyau de la monarchie. On les appelle les *États hérédi-taires.*

La **Bohême** et la **Moravie**. Les habitants sont de race slave; ils se distinguent en *Tchèques* et *Moraves.*

La **Galicie**, ancienne province polonaise, sur le versant nord des Karpates. Les habitants sont de race slave.

La **Dalmatie**, comprenant les côtes de l'Adriatique habitées par une population de race italienne.

24. Les régions naturelles du royaume de Hongrie sont :

La **Hongrie**, habitée par les Hongrois ou Magyars, qui forment une race à part; vaste région de plaines, riche en chevaux et en céréales.

La **Transylvanie**, haute région, dont la population est en grande partie d'origine roumaine, mais où se trouvent aussi des Magyars et des Allemands.

La **Croatie**, sur les deux rives de la Save, habitée par une population de race slave.

La **Bosnie**, sur la rive droite de la Save, habitée par une population de race slave, en partie musulmane.

Les peuples de l'Autriche-Hongrie appartiennent, comme on le voit, à des races très diverses. Ils sont souvent en opposition les uns avec les autres et n'ont de lien entre eux que la communauté de gouvernement. Ils sont, en grande majorité, de religion catholique.

III. EUROPE MÉRIDIONALE.

25. L'Europe méridionale comprend :
La péninsule Ibérique : Espagne et Portugal; la péninsule Italique : Italie; la péninsule Pélasgique ou des Balkans : Grèce, Empire ottoman, Roumanie, Serbie et Monténégro.

ROYAUME D'ESPAGNE.

16 millions d'habitants.
Capitale **Madrid**.

26. La péninsule Ibérique, séparée de la France par les Pyrénées, de l'Afrique par le détroit de Gibraltar, est baignée par l'océan Atlantique et par la Méditerranée. Elle comprend l'Espagne et le Portugal.

Au centre de l'Espagne, est le *plateau des Castilles* borné par la sierra Morena et les monts Ibériques, et traversé par la sierra de Gredos.

Au sud de la péninsule se dresse l'épaisse *sierra Nevada*.

Cinq fleuves coulent vers l'ouest : le *Minho*, le *Douro*, le *Tage*, la *Guadiana*, le *Guadalquivir*. Un seul grand fleuve, l'*Èbre*, tombe dans la Méditerranée.

Les régions naturelles de l'Espagne sont : au nord : la Galice, les Asturies, les Provinces Basques, l'Aragon et la Catalogne, couverts par les ramifications des Pyrénées; au centre : l'ancien royaume de Léon, les Castilles et l'Estramadure; à l'est, les provinces de Valence et Murcie; au sud, l'Andalousie. Capitale **Madrid**; villes prin-

cipales : Burgos, Cordoue, Séville, Grenade.

Les ports principaux sont : La Corogne au nord, Cadix au sud, Barcelone, sur la Méditerrannée.

Du royaume d'Espagne font partie : les îles **Baléares** (Majorque, Minorque, Iviça), dans la Méditerranée.

L'Archipel des **Canaries**, dans l'océan Atlantique.

L'Espagne possède **Ceuta** et quelques autres points fortifiés, ou presidios, sur la côte nord d'Afrique et quelques îles près des côtes de Guinée.

En Amérique, elle a eu autrefois de grandes colonies qui se sont successivement rendues indépendantes. Elle a conservé, dans le golfe du Mexique, plusieurs îles, dont **Cuba**, la reine des Antilles, chef-lieu la Havane, et l'île de *Puerto Rico*.

En Océanie : les *Philippines*, chef-lieu Manille; les *Carolines*.

27. **La république d'Andorre** comprend un petit territoire dans de hautes vallées des Pyrénées. Elle est indépendante, mais administrée par deux fonctionnaires, ou *viguiers*, nommés l'un par l'évêque espagnol d'Urgel, l'autre par la France (héritière des droits des comtes de Foix).

ROYAUME DU PORTUGAL.

4 millions 1/2 d'habitants.
Capitale **Lisbonne**.

28. Le Portugal comprend la partie sud-ouest de la péninsule Ibérique. Il est séparé de l'Espagne par une région très montagneuse.

L'estuaire du **Tage**, sur lequel est située Lisbonne, la capitale, est une des plus belles baies de l'univers.

Le Portugal a eu aussi de grandes colonies, entre autres le Brésil, qui s'est rendu indépendant.

Il a conservé de vastes territoires sur les côtes d'Afrique et quelques possessions en Asie et en Océanie; mais ces colonies sont peu florissantes.

Les Espagnols et les Portugais sont de race latine et de religion catholique.

ROYAUME D'ITALIE.

28 millions d'habitants.
Capitale **Rome.**

29. La péninsule Italique, placée au centre de la Méditerranée, est baignée par les eaux de la mer Tyrrhénienne, de la mer Ionienne et de la mer Adriatique.

La Sicile et la Sardaigne en dépendent.

Les *Alpes occidentales* la séparent de la France, les *Alpes centrales* de la Suisse, les *Alpes orientales* de l'Autriche.

La longue arête des *Apennins* partage l'Italie en deux versants. Le point culminant est au **Gran Sasso** (2,900 m.). Le volcan du **Vésuve**, qui est souvent éclairé la nuit d'un panache de flammes, domine le golfe de Naples.

Le grand cône volcanique de l'**Etna** s'élève au-dessus des côtes de la Sicile.

30. On distingue la Haute-Italie de l'Italie péninsulaire.

La Haute-Italie, enveloppée par l'amphithéâtre des Alpes et de l'Apennin, forme le bassin du **Pô**. Ses régions naturelles sont : *Piémont* (Turin), *Lombardie* (Milan), *Vénétie* (Venise).

Les affluents de la rive gauche du Pô descendent des Alpes et sont les plus importants. Le *Tessin* forme le lac Majeur ; l'*Adda*, le lac de Côme ; le *Mincio*, le lac de Garde.

Au nord du Pô coule l'*Adige*, qui descend du Tirol.

31. Les principales régions naturelles de l'Italie péninsulaire sont : la *Toscane* (Florence), célèbre par ses vins ; les *Abruzzes* et les *Calabres*, régions montagneuses et pauvres, la *Campagne de Rome*, la *Terre de Labour*, autour de Naples.

L'Italie péninsulaire n'a pas de grands fleuves. Les cours d'eau les plus importants sont : l'*Arno*, qui passe à Florence, le *Tibre*, qui passe à Rome.

Les principaux ports sont : sur les côtes occidentales : Gênes, **Spezia**, grand port de guerre, Livourne ; sur les côtes méridionales : Tarente ; sur les côtes occidentales : Brindisi, Ancône, **Venise.**

L'Italie est célèbre par le grand rôle qu'elle a joué dans l'antiquité. Rome était le centre du monde. C'est toujours le centre de la chrétienté et la résidence du pape, en même temps que celle du roi d'Italie.

L'Italie a été la terre privilégiée des beaux-arts ; les plus grands artistes l'ont illustrée. Les Italiens sont de race latine et de religion catholique.

L'Italie produit des vins et de la soie.

3. De l'Italie dépendent plusieurs îles. Les plus importantes sont :

La **Sicile**, séparée de l'Italie par le détroit de Messine, capitale Palerme ; villes principales : Catane, Syracuse. Elle produit surtout des vins.

La **Sardaigne**, capitale Cagliari, montagneuse et pauvre.

L'île d'**Elbe**, riche en fer, illustrée par le séjour de Napoléon Iᵉʳ en 1814.

Au sud de la Sicile, l'île de **Malte**, importante position militaire, appartient à l'Angleterre.

Dans les Apennins se trouve la petite république de **Saint-Marin**, qui ne comprend que quelques milliers d'habitants.

ROYAUME DE GRÈCE.

2 millions d'habitants.
Capitale **Athènes.**

33. Le royaume de Grèce comprend la *Grèce continentale*, de laquelle dépend l'île d'Eubée ; le *Péloponnèse ;* les *îles Ioniennes* et un groupe d'îles de la mer Égée, les *Cyclades*.

La péninsule Pélasgique a pour arête centrale la chaîne du **Pinde.**

Le Péloponnèse est rattaché à la Grèce continentale par l'isthme de Corinthe, au travers duquel on perce un canal.

Il se termine par trois petites presqu'îles. Celle du centre est remarquable par le *mont Taygète* ; le cap Matapan est le point le plus méridional de l'Europe.

Les villes de la Grèce ont eu une grande célébrité dans l'antiquité ; elles sont déchues aujourd'hui.

La capitale Athènes a pour port le Pirée.

La principale des îles Ioniennes est **Corfou.**

Une des plus petites, mais la plus importante des Cyclades est **Syra**, où se croisent les lignes de navigation de la mer Égée.

EMPIRE OTTOMAN.

5 millions 1/2 d'habitants en Europe.
Capitale **Constantinople.**

34. On donne vulgairement le nom de Turquie d'Europe à la partie européenne de l'empire Ottoman. Elle comprend, outre les provinces immédiatement soumises au Sultan, la **Bulgarie** et la **Roumélie orientale**, provinces tributaires.

La population appartient à plusieurs races dont les principales sont les Bulgares (de la famille slave), les Grecs et les Albanais. Les Turcs sont en minorité. Les Turcs et une partie des Bulgares et des Albanais sont musulmans ; les autres sont chrétiens grecs.

La Turquie s'étend, de l'est à l'ouest, de la mer Adriatique à la mer Noire ; du nord au sud du Danube à la mer Égée et à la mer de Marmara. La mer de Marmara communique avec la mer Égée par les Dardanelles, avec la mer Noire par le Bosphore, sur lequel est **Constantinople** (600,000 hab.) une des positions les plus remarquables de l'Europe par la beauté de son site.

La Turquie est partagée par la chaîne des **Balkans.**

Le seul cours d'eau important est la **Maritza**, qui passe à Andrinople.

Le principal port est **Salonique**, sur la mer Égée.

De l'empire Ottoman dépendent une grande partie des îles de la mer Égée, et l'île de **Crète**, dont la ville principale est *La Canée.*

La **Bulgarie** est une principauté tributaire de la Turquie, créée en 1878 ; elle est comprise entre le Danube et les Balkans. La capitale est **Sofia.** Son principal port est *Varna.*

La **Roumélie orientale** est une province de l'empire Ottoman ayant, depuis 1878, des privilèges particuliers. Sa population est en majorité de race bulgare. Sa capitale est **Philippopoli.**

ROYAUME DE ROUMANIE.

5 millions d'habitants.
Capitale **Bucarest.**

35. Le **royaume de Roumanie** est formé des anciennes provinces de Valachie, chef-lieu Bucarest, et de Moldavie, chef-lieu Jasi, jadis tributaires de la Turquie.

La population est de race latine.

La Roumanie est comprise entre les Alpes de Transylvanie qui la séparent de l'Autriche-Hongrie, une partie du cours du Danube qui la sépare de la Bulgarie, et le Prout, qui la sépare de la Russie.

Le Danube forme un large delta.

ROYAUME DE SERBIE.

1,500,000 habitants.
Capitale **Belgrade.**

36. **Le royaume de Serbie**, ancienne province de l'empire Ottoman, a été reconnu indépendant depuis 1878. Sa population est de race slave.

Sa capitale, **Belgrade**, est au confluent de la Save et du Danube.

PRINCIPAUTÉ DE MONTÉNÉGRO.

300,000 habitants environ.
Capitale **Cetigne.**

37. Le Monténégro (ou Montagne-Noire) est une petite principauté indépendante, habitée par une population de race slave.

C'est un pays de montagnes. Il a pour port *Antivari*.

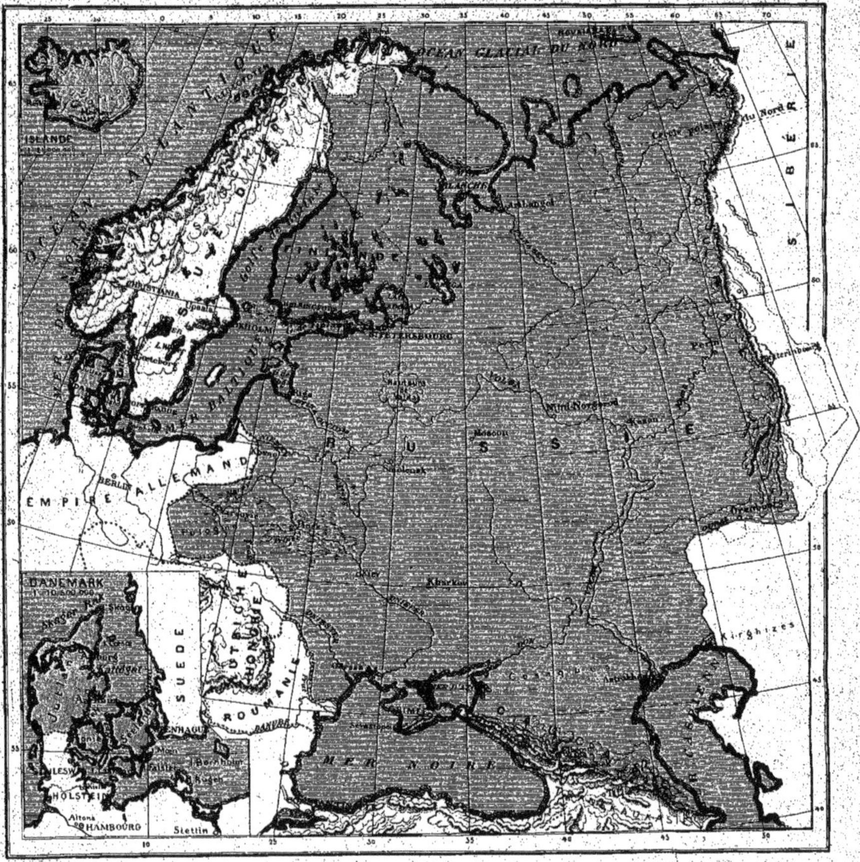

EMPIRE RUSSE.

85 millions d'habitants pour la Russie d'Europe.
Capitale **Saint-Pétersbourg.**

38. L'**Empire russe** s'étend sur de vastes contrées en Europe et en Asie. La portion européenne est égale en surface à plus de la moitié de l'Europe.

On considère ordinairement, comme limite de l'Europe, les monts Oural, le fleuve Oural et le Caucase ; mais ces limites ne sont même pas des limites administratives, les provinces russes s'étendant sur l'un et l'autre versant des montagnes.

Le Grand-duché de **Finlande** fait partie intégrante de la Russie, mais jouit de privilèges spéciaux.

La Russie est un pays de grandes plaines.

Les points les plus élevés du **plateau de Valday**, dont les eaux se partagent entre la mer Baltique et la mer Noire, ne dépassent pas 350 mètres. Il n'y a donc pas de montagnes dans la Russie d'Europe ; aussi est-elle exposée sans protection aux vents glacés du nord, et le climat en est partout rigoureux. Pendant l'hiver le pays n'est qu'un immense champ de neige.

Les monts **Oural** séparent la Sibérie des provinces européennes. L'altitude des points les plus élevés ne dépasse pas 1,700 mètres.

Le **Caucase**, très puissante chaîne de montagnes, dont les cimes principales sont : le Kasbek, 5,043 mètres, et l'Elbrous, 5,660 mètres, sépare la Russie d'Europe des provinces de la Transcaucasie (Tiflis).

La Finlande est couverte de lacs.

Au centre de la Russie sont les grands marais de Pinsk. Les cours d'eau qui en sortent descendent vers la mer Noire ou vers la mer Baltique et sont reliés par des canaux.

39. Les principaux fleuves sont : sur le versant du nord : la *Vistule*, qui traverse la Pologne et reçoit la *Narev*, le *Niemen*, la *Dvina occidentale*, la *Néva*, qui sert de déversoir aux lacs Onéga et Ladoga, et sur les bords de laquelle est construit **Saint-Pétersbourg**, la capitale, la *Dvina septentrionale*, la *Petchora*.

Sur le versant du sud : le *Dniester*, le *Dnieper*, qui passe à Smolensk et à Kiev, le *Don*, sont tributaires de la mer Noire.

Dans la mer Caspienne tombent : l'*Oural* et la *Volga*, immense fleuve qui est la grande voie de communication de l'Empire ; son principal affluent est la *Kama*.

40. Les ports principaux sont :

Sur la Baltique, *Helsingfors*, capitale de la Finlande ; **Saint-Pétersbourg** et *Riga*.

Saint-Pétersbourg.

Sur la mer Noire, **Odessa**, grand commerce de blés ; **Sébastopol**, grande place de guerre, située dans la presqu'île de Crimée, illustrée par le siège qu'y ont soutenu les Russes, en 1855, contre les armées française et anglaise.

Dans la Caspienne, *Astrakhan*, à l'embouchure de la Volga.

Sur la mer Blanche, gelée une grande partie de l'année, Arkhangel, à l'embouchure de la Dvina septentrionale.

Moscou est la principale ville de commerce, au centre de la Russie, et la ville sainte des Russes.

Dans les provinces de l'ouest, les villes principales sont : **Varsovie**, capitale de l'ancien royaume de Pologne, sur la Vistule ; *Kovno*, sur le Niemen.

Dans les provinces du sud, les villes principales sont : Kiev, Kharkov.

Dans les provinces de l'est : Kazan, sur la Volga ; Nijni-Novgorod, où se tiennent de grandes foires qui attirent des marchands de toute l'Asie ; Perm, point de départ du chemin de fer de l'Oural.

41. Une grande partie de la Russie septentrionale est couverte de *toundras*, marécages glacés, et de forêts ; dans le sud sont de grands steppes qui nourrissent de nombreux troupeaux de chevaux.

Le centre, l'ouest et le sud-ouest, où se trouvent les fertiles régions de la *terre noire*, produisent de grandes quantités de céréales qui s'exportent par Odessa.

La Russie a de grands dépôts houillers. Dans les monts Oural, il y a des mines d'or, de fer et des mines de diamants. Ékatérinbourg est le centre de ces exploitations.

Les Russes sont la grande nation *slave* de l'Europe. De nombreux Allemands sont établis dans les provinces du nord sur la côte de la Baltique.

Les *Cosaques*, qui ne sont pas, à proprement parler, une race à part, habitent près du Don et de l'Oural.

Les hordes des *Kirghises* campent près de la Caspienne.

Dans le Caucase sont des tribus de races très variées. Parmi les plus connues étaient les *Circassiens*, qui ont presque tous émigré après la conquête russe.

La religion de l'État est le christianisme grec. L'empereur ou *tsar* en est le chef suprême.

La Russie a étendu ses conquêtes sur une grande partie de l'Asie. (Voir Asie.)

ÉTATS SCANDINAVES.

42. On désigne la Suède, la Norvège et le Danemark sous le nom d'États scandinaves, parce qu'ils sont habités par la race scandinave ; ils ont formé autrefois une seule monarchie.

La Suède et la Norvège forment actuellement deux États distincts, mais gouvernés par le même roi.

ROYAUME DE SUÈDE.

5 millions d'habitants.
Capitale **Stockholm**.

43. La Suède est séparée de la Finlande par la *Tornéa* et de la Norvège par les *Alpes scandinaves*, plateaux neigeux de plus de 1,000 mètres d'altitude moyenne. La Suède est peu cultivable et peu peuplée dans le nord, à cause du froid ; elle a beaucoup de forêts, de mines de fer, et des plaines fertiles dans le sud.

Il y a de grands lacs : lac *Vener*, qui se déverse par la *Gœta*, le seul cours d'eau important, lac *Vetter* et lac *Mœlar*.

Villes principales : Upsala et Gœteborg, grand port de commerce.

ROYAUME DE NORVÈGE.

2 millions d'habitants.
Capitale **Christiana**.

44. La Norvège occupe la partie occidentale de la péninsule. Elle est terminée, au nord, par le cap Nord, situé dans une île ; au sud, par le cap Lindesnæs.

Les côtes sont très profondément découpées par des baies étroites, dites *fiords*, et sont semées d'archipels ; les principaux sont ceux des îles Lofoten et de Bergen.

La pêche, les forêts et les mines sont les principales sources de richesses de cette contrée.

ROYAUME DE DANEMARK.

2 millions d'habitants.
Capitale **Copenhague**.

45. Amoindri par les conquêtes de la Prusse, qui lui a enlevé en 1864 le Schleswig-Holstein, le **Danemark** comprend la presqu'île du *Jutland*, que les détroits du Skager-Rak et du Kattégat séparent de la péninsule Scandinave.

Les principales des îles danoises sont : **Séeland** entre les détroits du *Sund* et du *Grand-Belt*, **Fionie**, entre le *Grand* et le *Petit-Belt*.

La capitale est dans Séeland.

Du Danemark dépendent : dans la Baltique, l'île de **Bornholm**.

Dans l'océan Atlantique, les îles **Fœroë**.

Dans les mers du nord : l'**Islande**, chef-lieu Reikiavik ; où se trouvent le célèbre volcan de l'*Hékla* et les *Geysers*, ou sources jaillissantes et intermittentes de vapeurs et d'eau bouillante.

Le **Groenland**, terre polaire stérile et déserte, où ne vivent que des tribus d'Esquimaux.

Dans les Antilles : l'île de **Saint-Thomas**.

QUESTIONNAIRE.

Quelles sont les grandes régions de l'Europe ? Quels sont les États de l'Europe occidentale ? Les montagnes, les fleuves principaux de l'**Angleterre ?** — les principales villes de commerce ? — Quelles sont les divisions des Iles Britanniques ? Quelles sont les principales productions de l'Angleterre ? — les bases de sa puissance ? Quelles sont les grandes colonies anglaises ? — les principales stations militaires sur les routes maritimes ?

Quel est le caractère général de la **Belgique ?** — des **Pays-Bas ?**
Quelles sont les principales colonies hollandaises ? — Par qui est gouverné le Grand-duché de **Luxembourg ?**

Combien compte-t-on d'États dans l'**Empire allemand ?** — Quels sont les royaumes ? — les grands-duchés, les duchés, les villes libres ?

Quels sont les principaux fleuves ? — Comment s'appellent les montagnes qui sont au centre de l'Allemagne ? — Quelles sont les autres chaînes principales ?

Combien y a-t-il de cantons en **Suisse ?** — Quels sont les grands lacs ?

Comment est composée la monarchie **austrohongroise ?** — Quelles sont les principales provinces de l'Autriche ? — de la Hongrie ? — les capitales ? — les deux principaux ports ? — Les races principales des peuples de la monarchie ?

Quelles sont les limites de l'**Espagne ?** — ses fleuves ? — ses ports ? — ses principales dépendances ? Qu'est-ce que la république d'**Andorre ?** Quel est le fleuve remarquable du **Portugal ?**

Quelles sont les divisions naturelles de l'**Italie ?** Quels sont les grands lacs de la haute Italie ? — les fleuves de l'Italie péninsulaire ? — les îles qui dépendent de l'Italie ?

Quelles sont les divisions naturelles de la **Grèce ?** — les principales îles qui en dépendent ?

Qu'entend-on par **Turquie d'Europe ?** Quelle est la principale chaîne de montagnes ? — le port principal ? Quelles sont les provinces tributaires ?

Comment a été formé le royaume de **Roumanie ?** — Quelle est la race de ses habitants ? Qu'est-ce que la **Serbie ?** — le **Monténégro ?**

Quelles sont les limites de la **Russie d'Europe ?** — les principales montagnes ? — le caractère général du pays ? — les principaux fleuves ? — les villes les plus importantes ?

Qu'entend-on par **États Scandinaves ?** Dans quelles conditions existe l'union de la Suède et de la Norvège ?

Quels sont les principales îles danoises ? — les détroits qui les séparent ? — Quelles sont les dépendances du Danemark ?

4

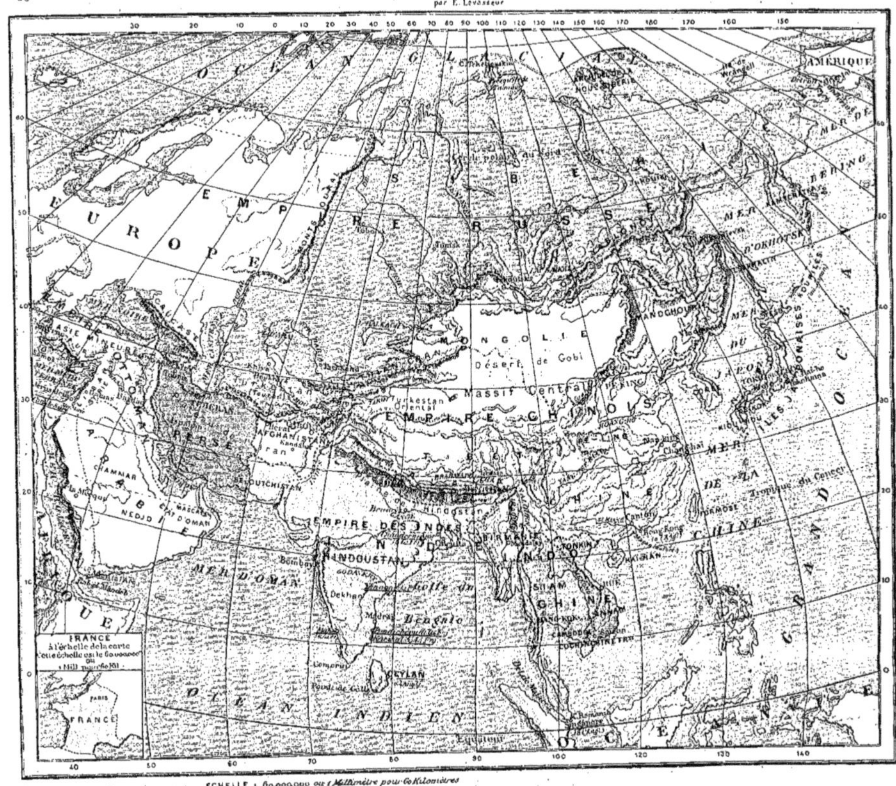

ECHELLE 1.60,000,000 ou 1 Millimètre pour 60 Kilomètres

IX. LES PARTIES DU MONDE.

ASIE

DESCRIPTION PHYSIQUE.

1. L'Asie a plus de quatre fois la superficie de l'Europe. Elle est la plus peuplée des cinq parties du monde; on estime sa population à environ 800 millions d'habitants.

L'Asie est baignée : à l'est, par le *Grand océan*, qui forme les mers de Béring, d'Okhotsk, du Japon et de la Chine; au sud, par l'océan Indien, qui forme le golfe du Bengale, la mer d'Oman et le golfe Persique.

L'Asie est baignée à l'ouest : par la mer Rouge, la Méditerranée et la mer Noire.

La mer Rouge communique avec l'océan Indien par le détroit de Bab-el-Mandeb, et avec la Méditerranée par le *canal de Suez*.

La Méditerranée et la mer Noire communiquent ensemble par le détroit des Dardanelles, la mer de Marmara et le Bosphore.

La chaîne du Caucase, la mer Caspienne, le fleuve Oural, et les monts Oural sont considérés comme les limites de l'Europe et de l'Asie.

Au nord s'étendent les mers de l'océan Glacial, désertes et glacées.

Les côtes orientales de l'Asie sont très découpées; au nord, le cap *Oriental*, sur le détroit de Béring, en est le point extrême.

La presqu'île du *Kamtchatka* se prolonge par l'archipel des **Kouriles** et les îles **japonaises** qui font face à la presqu'île de *Corée*.

Les principales îles de la côte sont, en outre, *Sakhalin, Formose, Haï-nan*.

Au sud, les côtes de l'Asie dessinent trois grandes péninsules : l'*Indo-Chine*, terminée par la presqu'île de Malacca et le cap Romania ; l'*Hindoustan*, terminé par le cap Comorin et par l'île de Ceylan; l'*Arabie*, couverte en grande partie de déserts.

2. Les plateaux du **Pamir**, d'une altitude moyenne de 4,000 mètres, avec des cimes de 7 à 8,000 mètres, forment, en quelque sorte, le pilier central de l'Asie. Les Asiatiques l'appellent le *Toit du monde*.

Là se croisent les grandes chaînes de l'Asie. Au sud-est, ce sont les monts **Himalaya**, énorme masse de hautes montagnes.

Le mont **Gaorisaukar**, qui a 8,840 mètres

Mont Gaorisankar.

(près du double du mont Blanc), est le point le plus élevé du globe.

Au sud-ouest, l'**Indou-Kouch**.

Au nord-est, les **Thian-Chan** (ou monts Célestes), qui se prolongent par l'*Altaï*, et les monts *Yablonoï*.

Entre ces montagnes, à l'est du Pamir, se dressent d'immenses terrasses dépourvues d'eau et en grande partie inhabitables. On leur donne le nom de *Grand Massif central de l'Asie ;* elles comprennent la Mongolie au nord, le Turkestan oriental à l'ouest, le Tibet au sud, le désert de Gobi au centre. Ces terrasses sont soutenues, à l'est, par les montagnes de la Chine.

A l'ouest du Pamir s'étendent les plateaux du Turkestan (Touran) et de la Perse (Iran) en grande partie déserts.

Sur le versant nord du massif central coulent les trois grands fleuves des plaines de la Sibérie, gelés la moitié de l'année. Ce sont : l'*Ob*, qui reçoit l'*Irtich*, l'*Iénissey*, déversoir du lac Baïkal, la *Léna*.

3. Sur le versant oriental coulent les quatre grands fleuves de la Chine : l'**Amour**, qui forme, pendant une partie de son cours, la frontière entre la Russie et la Chine et se jette dans la mer d'Okhotsk, glacée une partie de l'année ; Le **Hoang-ho** (fleuve Jaune), le **Yan-tsé-kiang** (fleuve Bleu), et le **Si-kiang**, rivière de Canton. Ils traversent des provinces riches et très peuplées et sont navigables pendant une grande partie de leur cours.

Le Yan-tsé-kiang est le plus grand fleuve de l'Asie.

4. Sur le versant sud, les cinq fleuves de l'Indo-Chine descendent des montagnes encore inexplorées du Tibet oriental. Ce sont :

Le **Song-koï** (fleuve Rouge), qui forme le delta du Tonkin.

Le **Mé-kong** (ou Cambodge), qui forme le delta de la Cochinchine.

Le **Meï-nam**, qui traverse le royaume de Siam.

Le **Salouen** et l'**Iraouaddy**, qui traversent la Birmanie.

Leur cours est embarrassé de rapides ; à l'exception de l'*Iraouaddy*, ils ne sont pas navigables.

5. Des hautes vallées de l'Himalaya descendent les trois fleuves de l'Hindoustan ; ce sont : le **Brahmapoutra ;**

Le **Gange**, le fleuve sacré des Hindous, dont les nombreux affluents fertilisent tout le nord de la presqu'île ; il forme un immense delta au nord duquel est Calcutta, la capitale de l'Inde anglaise ;

L'**Indus**, dont la vallée sépare les Indes de l'Afghanistan.

Les eaux qui descendent du plateau de Pamir forment à l'ouest le **Syr-Daria** et l'**Amou-Daria**. Ils traversent le Turkestan russe et tombent dans le lac d'**Aral**.

Les eaux qui descendent à l'est forment le **Tarim**, qui se perd dans le désert de Gobi.

6. A l'ouest des déserts de la Perse se trouve une grande péninsule, comprise entre la mer Noire et la Méditerranée, appelée, depuis l'antiquité, **Asie Mineure**.

Elle est bornée, au nord, par l'épais rempart du **Caucase**, dont les sommets dépassent 5,000 mètres, et par les plateaux de l'Arménie sur lesquels se trouve le mont **Ararat** où, suivant la légende, s'est arrêtée l'arche de Noë.

Au sud de l'Asie Mineure sont les chaînes du **Taurus**.

Deux grands fleuves : le **Tigre** et l'**Euphrate**, descendent des plateaux de l'Arménie et, coulant vers le sud, se réunissent avant de tomber dans le golfe Persique.

L'Asie Mineure se prolonge, au sud, par la côte de **Palestine**, bordée par les chaînes du **Liban**.

GÉOGRAPHIE POLITIQUE.

7. Les grands États de l'Asie sont : L'**Empire russe** au nord, l'**Empire chinois** et l'**Empire du Japon** à l'est, l'**Empire des Indes** au sud, l'**Empire ottoman** à l'ouest.

8. L'**Empire russe** comprend :

La **Sibérie**, capitale **Irkoutsk**, divisée en plusieurs gouvernements et distinguée en *Sibérie orientale* avec les villes de Tobolsk, Tomsk, *Sibérie occidentale* avec les villes de Iakoutsk et les ports militaires de Nikolaievsk et Vladivostok.

Le **Turkestan**, conquis de 1855 à 1876, capitale **Tachkend**, ville principale Samarcand.

La **province Transcaspienne**, récemment conquise.

La **Transcaucasie**, capitale **Tiflis**.

La Russie étend en outre son influence sur le khanat ou État de **Khiva**, dans le delta de l'Amou-Daria et sur le khanat de **Boukhara**.

9. L'**Empire chinois**, dont la population est estimée à plus de 400 millions d'habi-

tants, comprend la **Chine** proprement dite, divisée en grandes provinces ou vice-royautés, la **Mandchourie** au nord, le **Turkestan oriental** à l'ouest, et les États tributaires : la **Mongolie** et le **Tibet**.

La population est très serrée dans les provinces orientales entre le Hoang-ho, le Yan-tsé-kiang et le Si-kiang.

Pékin.

Le pays est très cultivé ; il produit en abondance le riz, le thé, la soie.

On y trouve de très grandes villes. Quelques-unes seulement sont ouvertes au commerce étranger; les principales sont : **Pékin** (1,600,000 hab.), la capitale, et, dans son voisinage, *Tien-Tsin* (950,000 hab.), où résident les représentants des puissances étrangères ; sur le Yan-tsé-kiang, Hankeou, qui, avec les villes voisines, compte plus d'un million d'habitants; **Nankin**, la capitale du sud.

Changaï, la plus importante ville du commerce européen; Ning-po, Fou-tchéou, bombardée par la flotte française de l'amiral Courbet en 1885; **Canton**, grande ville en face de laquelle les Portugais possèdent l'île de *Macao* et les Anglais l'île de **Hong-kong**, centre principal du commerce des mers de la Chine.

Les provinces centrales de la Chine sont protégées, du côté du nord, par la *grande muraille*, construite il y a plusieurs siècles pour arrêter les incursions des Mongols.

Le **Tibet**, pays tributaire de la Chine, a pour capitale *Lhassa*, qui est la résidence du *Grand Lama* ou chef de la religion bouddhiste.

La **Corée**, capitale *Séoul*, est un petit royaume vassal de la Chine.

10. Le **Japon** a une population d'environ 36 millions d'habitants; il comprend un

groupe de grandes îles : Kiou-Siou, Sikok, **Nipon**, qui est la principale, Yéso, les îles Kouriles.

La capitale est **Tokio** ou Yédo. Villes principales : Kioto, Yokohama, centre du commerce européen, Nagasaki.

11. L'**Empire des Indes**, gouverné par les Anglais, compte une population de plus de 250 millions d'habitants et environ 100,000 Anglais, négociants, fonctionnaires et soldats.

Sa capitale est **Calcutta**; il comprend trois présidences dont les chefs-lieux sont Calcutta, Bombay et Madras, plusieurs provinces, administrées par les autorités britanniques et des *États feudataires*, gouvernés par des princes indigènes, sous la surveillance des résidents anglais.

Bénarès, sur le Gange, est la ville sainte des Hindous.

Les productions principales sont le riz, l'opium, l'indigo, le café, le coton.

La France qui, au siècle dernier, a été quelque temps prépondérante dans le Dekhan, n'a conservé que quelques petits territoires ; **Pondichéry** est le chef-lieu des établissements français. (Voir aux colonies françaises.)

Les Portugais possèdent quelques petits territoires dont le principal est Goa, sur la côte occidentale.

Les autres possessions anglaises dans l'Asie sont : l'île de **Chypre**, appartenant au Sultan de Constantinople, mais occupée et administrée par les Anglais; **Aden**, important port de relâche à l'entrée de la mer Rouge; **Singapore**, dans le détroit de Malacca; **Hong-kong**, en face de Canton.

12. L'**Empire ottoman** possède, en Asie, toute l'Asie Mineure et les côtes de la mer Rouge. Villes principales : **Smyrne**, un des ports les plus commerçants de la Méditerranée; Trébizonde, port sur la mer Noire; **Bagdad**, sur le Tigre; **Damas**, capitale de la Syrie; **Jérusalem**, la ville sainte des chrétiens ; **la Mecque**, la ville sainte des musulmans; **Médine**, où se trouve le tombeau de Mahomet. La Mecque et Médine sont visitées chaque année par plus de 100,000 pèlerins venus de toutes les parties du monde.

13. Les petits États de l'Asie sont :

1° Dans la presqu'île de l'Indo-Chine : Royaume de **Siam** indépendant, capitale *Bang-kok*.

Empire d'**Annam**, capitale *Hué*, comprenant le **Tonkin**, chef-lieu *Hanoï*.

Royaume de **Cambodge**.

Ces trois derniers pays sont sous le protectorat de la France.

La colonie française de **Cochinchine**, chef-lieu Saïgon.

Royaume de **Birmanie**, capitale *Mandalay*, pris par les Anglais et annexé à l'empire des Indes en 1886.

2° Dans le centre :

Royaume de **Perse**, capitale *Téhéran*; villes principales : Ispahan, Tebriz.

Khanat de l'**Afghanistan**, capitale *Kaboul*; villes principales : Hérat, Kandahar.

Khanat du **Beloutchistan**.

Ces khanats sont sous le protectorat plus ou moins défini de l'Angleterre.

3° États musulmans de l'Arabie : État d'**Oman** ou de Mascate, Emirat du *Chammar*, de *Nedj*, etc.

14. Les populations de l'Asie se divisent en races très tranchées.

Les Chinois, les Mongols, les Mandchoux, les Japonais et les habitants de l'Indo-Chine appartiennent à la race jaune.

Une partie des tribus indigènes de la Sibérie, des habitants du Turkestan et de l'Asie Mineure appartiennent à la race blanche, mais à la famille dite *touranienne*, c'est-à-dire sortie du Touran.

Les Persans, les populations de la Trans-

Chinois.

caucasie, les Afghans, etc., appartiennent à la race blanche, famille *iranienne*, c'est-à-dire sortie de l'Iran.

Les Arabes appartiennent à la race blanche, famille *sémitique*, dont font partie les Israélites.

Les Hindous, malgré des croisements qui ont bruni leur peau, doivent être rattachés à la famille iranienne.

Malais.

Les Malais habitent une partie de la presqu'île de Malacca et des îles du sud de l'Asie.

Si l'on excepte les émigrants européens, quelques convertis chrétiens et les tribus demi-barbares du nord, la plupart des populations de l'Asie se partagent en trois grandes religions :

L'**Islamisme**, à l'ouest du plateau de Pamir et dans quelques parties de la Chine et de l'Hindoustan.

Le **Brahmanisme**, dans l'Hindoustan.

Le **Bouddhisme**, qui est une réforme du Brahmanisme dans la Chine, le Japon.

La *doctrine de Confucius* est la religion des classes supérieures de la Chine.

CLIMAT ET PRODUCTION.

15. On trouve en Asie des climats très variés. En Sibérie, au nord du 50ᵉ parallèle, c'est le climat le plus froid des lieux habités de la terre ; à Yakoutsk, la température moyenne du mois de janvier est de 43° au-dessous de zéro.

Dans le massif central, la température varie depuis — 35° en hiver jusqu'à + 40° en été.

Dans la zone tropicale, il y a généralement deux saisons : celle des pluies, saison chaude, d'avril à septembre ; celle de la sécheresse, d'octobre en avril.

16. Les animaux caractéristiques de l'Asie du nord sont l'ours blanc, et surtout le

Animaux de l'Asie du nord.

Renne, animal précieux sans lequel l'homme ne saurait vivre. Il est à l'état domestique, fournit le lait, la viande, les peaux et sert d'attelage.

Le *cheval* est originaire de l'Arabie ; le

Animaux et plantes de l'Asie méridionale.

chameau est encore à l'état sauvage dans quelques déserts du centre ; c'est la bête de somme par excellence des tribus no-mades ; le *yak* est un petit bœuf à longs poils que l'on élève sur les plateaux du centre. L'*éléphant* se trouve dans les Indes et l'Indo-Chine où il est employé comme bête de somme ; le *tigre* est l'animal le plus redoutable de ces régions.

17. Les régions du nord et du centre de l'Asie dont le climat est rude et la population clairsemée n'ont, pour ainsi dire, ni agriculture ni industrie.

La Russie fait exploiter une partie des mines de Sibérie par les condamnés qu'elle y déporte.

En Perse et dans l'Asie Mineure, où les troupeaux de moutons sont en grand nombre, on fabrique des **tapis** qui sont répandus dans le monde entier sous le nom de tapis d'Orient.

Dans les Indes anglaises, on récolte le coton, le café, la canne à sucre, l'indigo, les épices ; parmi les principales cultures, sont celle du **riz**, qui est la base de l'alimentation de toute l'Asie orientale et méridionale, et celle du pavot, dont on extrait **l'opium**.

L'opium se fume surtout en Chine ; l'abus produit l'abrutissement.

Les forêts des Indes et de l'Indo-Chine produisent le bois de *tek*, qui est inattaquable par les insectes, et précieux pour la construction des navires destinés à la navigation des mers de l'Asie.

La principale culture de l'Indo-Chine est le riz.

18. La **Chine** est le pays le plus avancé de l'Asie et peut-être du monde entier, par le développement de son agriculture et de sa pisciculture (ou élevage des poissons).

Son sol est particulièrement fertile et ses habitants sont très industrieux.

Le **riz**, le **thé**, le **coton**, la **soie** sont les productions principales.

Pendant longtemps le gouvernement chinois s'est refusé à entrer en relations avec les peuples européens. Successivement, et à la suite de traités imposés après des guerres, il a ouvert quelques ports au commerce étranger. Actuellement, il y en a une vingtaine.

Depuis quelques années, les relations des Chinois avec l'Europe et l'Amérique se sont développées ; une transformation s'opère dans leurs habitudes. Ils s'instruisent dans les langues et les sciences de l'Europe. Ils se sont munis de matériel de guerre et de matériel naval achetés en Europe et en Amérique. Ils se sont montrés habiles à s'en servir dans la guerre du Tonkin et commencent à permettre la construction de chemins de fer.

Malgré la richesse du sol, la population est surabondante dans certaines provinces. Beaucoup de Chinois émigrent en Amérique et dans certaines colonies européennes où ils apportent une main-d'œuvre fort utile pour la construction des chemins de fer, des canaux et pour la culture. On les appelle les *coolies*. Ce sont des travailleurs chinois qui ont construit les chemins de fer transcontinentaux de l'Amérique ; ils sont employés, en grand nombre, aux travaux du percement de l'isthme de Panama.

19. La population du **Japon** a certaines ressemblances avec celle de la Chine. Les cultures et les industries sont analogues.

Le Japon est entré dans le mouvement de la civilisation européenne et commence à en adopter les coutumes. Il a construit plus de 200 kilomètres de chemins de fer.

Des **câbles** sous-marins mettent en relation les principaux ports de la Chine et du Japon avec l'Europe. — Une ligne télégraphique qui traverse la Sibérie jusqu'à Vladivostok sert aussi aux relations avec l'extrême Orient.

Les communications entre l'Europe et l'Asie se font, soit par les routes de terre, soit par les routes maritimes.

Les routes de terre traversent, soit le Caucase, soit l'Oural. Elles ne sont guère utilisées que par les Russes.

Les routes maritimes sont tracées de l'ouest à l'est par le canal de Suez, le détroit de Malacca. On met environ 45 jours pour se rendre de Marseille à Changaï.

Une autre direction est aussi très fréquemment suivie, de l'est à l'ouest, en traversant l'Amérique du Nord, de New-York à San-Francisco et l'océan Pacifique, de San-Francisco à Yokohama (Japon) ou à Changaï (Chine). (Voir la carte, page 48.)

QUESTIONNAIRE.

Quelles sont les mers qui baignent les côtes d'Asie ? -- les presqu'îles, les caps, les détroits remarquables ?

Quels sont les plateaux du centre de l'Asie ? — leur altitude ? — les grandes chaînes de montagnes ? — le sommet le plus élevé du monde ?

Quels sont les fleuves du nord ou sibériens ? — ceux de l'est ou de la Chine ? — ceux de l'Hindoustan ? — ceux des plateaux du centre ? — ceux de l'Asie Mineure ?

Quels sont les grands États de l'Asie ? — Quelles sont les provinces et les villes principales de l'Asie russe ? — de l'Empire chinois ? — du Japon ? — de l'Empire anglais des Indes ?

Quels sont les États de l'Indo-Chine ? — les États du centre ?

Quelles sont les possessions françaises en Asie ? Quels sont les pays sous le protectorat français ? Quelles sont les villes principales de ces pays ? Quelles sont les principales races des peuples de l'Asie ? — leurs religions ?

Quels sont les animaux caractéristiques de l'Asie ? Quel est le climat du nord de l'Asie ? — Quels sont les animaux particuliers à cette région ?

Quel est le climat des Indes ? de l'Indo-Chine ? Quelles en sont les productions ? — les animaux caractéristiques ? D'où le cheval est-il originaire ?

Quelles sont les productions de la Chine ? — du Japon ?

Comment communique-t-on avec l'extrême Orient ?

AFRIQUE

DESCRIPTION PHYSIQUE.

1. L'Afrique, trois fois plus grande que l'Europe, est encore peu connue dans la partie centrale.

Les côtes septentrionales s'étendent de l'isthme de Suez, qui la rattache à l'Asie, jusqu'au détroit de Gibraltar, qui la sépare de l'Europe. Elles sont baignées par la Méditerranée, qui forme le golfe de la Sidre et le golfe de Gabès. Le cap Bon est le promontoire le plus avancé vers le nord.

Les côtes du nord-est sont baignées par la mer Rouge qui communique avec la Méditerranée par le *canal de Suez;* et avec l'océan Indien par le détroit de Bab-el-Mandeb.

Le canal de Suez, creusé sous la direction d'un Français, M. de Lesseps, a été ouvert en 1870. Il a 160 kilomètres de long et une largeur de 58 à 100 mètres. Il part de Port-Saïd sur la Méditerranée et aboutit à Suez sur la mer Rouge.

Les côtes du sud-est sont baignées par l'océan Indien. Le cap Guardafui, en face l'île de Socotora, est le promontoire le plus avancé à l'est.

Un des points les plus importants par son commerce est l'île de **Zanzibar.**

Le canal de Mozambique, à l'entrée duquel sont les îles **Comores**, sépare la grande île de **Madagascar** du continent.

A l'est de Madagascar sont les îles **Mascareignes** : île de la **Réunion** à la France, île Maurice à l'Angleterre.

Le cap des *Aiguilles* et le cap de **Bonne-Espérance** sont les promontoires les plus méridionaux de l'Afrique. Le cap de Bonne-Espérance fut découvert vers la fin du quinzième siècle (en 1486) par Barthélemy Diaz et doublé par Vasco de Gama, qui trouva ainsi la route maritime des Indes.

Les côtes occidentales sont baignées par l'océan Atlantique. Depuis le détroit de Gibraltar jusqu'au cap des *Palmes*, elles ont une forme convexe; puis la côte se creuse et forme le golfe de *Guinée ;* elle est ensuite sensiblement dirigée du nord au sud, jusqu'au cap de Bonne-Espérance.

Le cap *Vert* est le promontoire le plus avancé vers l'ouest.

2. A peu de distance des côtes occidentales d'Afrique sont :

Les îles **Açores**, au Portugal.

L'île **Madère**, au Portugal.

Les îles **Canaries**, à l'Espagne; la plus importante est Ténériffe.

Les îles du **Cap Vert**, au Portugal.

L'île d'*Ascension* et l'île **Sainte-Hélène** devenue célèbre par la captivité de Napoléon Ier, appartiennent à l'Angleterre.

Ces îles sont les points de relâche des navires qui vont dans l'Amérique du Sud et de ceux qui se rendent aux Indes par le cap de Bonne-Espérance.

Dans le golfe de Guinée sont les îles *Fernando-Po* et Annobon à l'Espagne, San-Thomé au Portugal.

3. **Le centre de l'Afrique** est encore imparfaitement connu, quoique, de nos jours, de grands voyageurs l'aient traversé dans plusieurs directions.

Dans le voisinage de l'Équateur, où les pluies sont très abondantes, sont de très grands lacs qui alimentent les principaux fleuves de l'Afrique.

Le **Victoria Nyanza** (lac Victoria, ainsi nommé en l'honneur de la reine d'Angleterre), sous l'Équateur même, a une étendue d'environ 80,000 kilomètres carrés. C'est le réservoir principal des eaux du **Nil**. Il est sur un plateau à environ 1,200 mètres au-dessus du niveau de la mer, et a été reconnu, de 1858 à 1861, par les voyageurs Speke et Grant.

L'**Albert Nyanza**, ou Mvoutan, envoie aussi ses eaux au Nil.

4. Le **Nil** (6,400 kil.) est formé de deux bras principaux ; l'un, le *Nil blanc*, descend des grands lacs équatoriaux ; l'autre, le *Nil bleu*, vient du plateau d'Abyssinie ou Éthiopie, région montagneuse et élevée.

Ces deux bras se réunissent à **Khartoum**.

Le fleuve coule alors dans une vallée bordée à droite par la *chaîne Arabique*, à gauche par la *chaîne Libyque*. Il traverse la Nubie et l'Égypte ; sa largeur varie de 600 à 1,200 mètres, mais la navigation est interrompue, de distance en distance, par des cataractes ou rapides.

En aval du **Caire**, capitale de l'Égypte, commence le delta où le fleuve se ramifie en un grand nombre de canaux.

Le Nil est sujet à des inondations régulières pendant lesquelles il dépose dans sa vallée un limon merveilleusement fertile.

5. Au sud de l'Équateur est le grand lac **Tanganyika** (30,000 k. c.), dont le trop plein se déverse par un cours d'eau intermittent dans le Congo.

Le lac **Bangouéolo** se déverse aussi dans le Congo.

Enfin, le **Nyassa** (30,300 k. c.) envoie ses eaux au sud-est, dans le Zambèze.

Ces régions ont été explorées de nos jours par Livingstone, Stanley, Cameron, Victor Giraud, etc.

Le **Congo** est formé par la réunion de plusieurs cours d'eau. Cet immense fleuve a environ 3,600 kilomètres de longueur, et sa largeur atteint en certains endroits plusieurs kilomètres. Les régions que traverse le Congo n'ont pas été explorées au delà des rives du fleuve.

Des stations de commerce ou de missionnaires ont été fondées sur plusieurs points. **Léopoldville** (ainsi nommé en l'honneur du roi des Belges), sur la rive gauche, est la capitale de l'*État libre du Congo;* **Brazzaville** (ainsi nommé en l'honneur de l'explorateur français de Brazza), sur la rive droite, est la principale station française. En aval de ces stations, le Congo descend, de rapides en rapides, jusqu'à la côte. Il n'est plus navigable.

A son embouchure, le Congo a 12 kilomètres de large ; son courant se fait sentir à une grande distance de la côte.

6. **Au nord de l'Équateur** est une zone très arrosée, à laquelle on donne le nom général de **Soudan**. Les eaux s'écoulent partie par le Niger, partie par le Nil, partie dans le lac **Tchad**, qui ne communique pas avec l'Océan.

Le versant méditerranéen de l'Afrique, entre le détroit de Gibraltar et le cap Bon, est soutenu par une suite de montagnes parallèles à la côte et auxquelles, depuis l'antiquité, on a donné le nom d'**Atlas**. Les sommets les plus élevés dépassent 2,000 mètres en Algérie et ont environ 3,500 mètres dans le Maroc.

Ces montagnes ne donnent naissance à aucune grande rivière. Les cours d'eau du littoral méditerranéen ne sont que des torrents temporaires presque à sec en été. Sur le versant sud on ne voit que des lits de rivières ou *oueds*, à sec.

Entre ces chaînes et la région du Soudan sont les immenses déserts du **Sahara** ; on n'y trouve aucune rivière permanente. Les troupeaux des nomades qui le parcourent et les caravanes s'abreuvent à quelques sources dans les *oasis*, ou à des puits creusés dans le désert.

Sur le versant atlantique, entre le cap Vert et le cap des Palmes, est la région montagneuse du **Fouta-Djalon**, de laquelle descendent les eaux du Sénégal, du Niger et des autres rivières de la côte. Elle se continue à l'est par la haute région de **Kong**.

7. Le **Sénégal** est navigable à l'époque des crues, pendant près de 1,000 kilomètres, jusqu'aux environs de Médine. A l'époque de la sécheresse, il n'est navigable que pendant 170 kilomètres environ. Il forme, à son embouchure, une barre dangereuse.

Le **Niger**, incomplètement connu encore, est navigable dans son cours moyen ; un des centres principaux de commerce est Timbouctou. Son cours inférieur est embarrassé par des cataractes ; il forme un vaste delta.

Entre le Niger et le Congo, le principal cours d'eau est l'**Ogoôné**, dont le cours a été exploré par de Brazza, depuis 1863.

8. **Au sud de l'Équateur** est un vaste plateau auquel on a donné le nom de **Grand-plateau austral**. Il est soutenu par des chaînes de montagnes dont les plus connues sont à l'est, les monts de **Drakenberg**, (environ 3,000 mètres); plus au nord, le **Kilima-Ndjaro**, la plus haute montagne de l'Afrique (5,750 mètres environ).

Les principales rivières sont : le fleuve **Orange**, sur la côte occidentale ; le **Limpopo** et le **Zambèze**, sur la côte orientale.

GÉOGRAPHIE POLITIQUE.

9. Le versant méditerranéen de l'Afrique est partagé entre le Maroc, l'Algérie, la Tunisie, la Tripolitaine et l'Égypte. On appelait autrefois ces quatre premiers pays les *États barbaresques*. Leurs limites sont bien déterminées près des côtes, mais elles sont très indécises vers le sud, dans la région des déserts.

La population est de religion musulmane et, en majeure partie, de race blanche : arabes ou berbères mélangés avec des nègres du Soudan. Les Égyptiens forment une famille à part.

Le **Maroc**, capitale *Fez*, est un pays indépendant; villes principales : Maroc, *Tanger*, port de la Méditerranée et résidence des représentants des puissances européennes ; l'autorité du sultan du Maroc n'est pas toujours reconnue par toutes les tribus.

L'**Algérie** est française. (Voir plus haut.)

La **Tunisie** est sous le protectorat de la France.

La **Tripolitaine**, chef-lieu *Tripoli*, est une province de l'Empire ottoman.

10. L'**Égypte**, 17 millions d'habitants, dont

Le Caire.

35,000 Européens environ, sans compter les troupes anglaises, forme un État vassal de l'Empire ottoman, gouverné par un vice-roi (Khédive) et occupé militairement, depuis 1882, par les Anglais.

Il comprend l'**Égypte** proprement dite, la **Nubie** et une partie du **Soudan** ; mais le Soudan s'est révolté depuis 1884 et n'obéit plus à l'autorité du Khédive.

La capitale est **le Caire** (368,000 hab.) ; à quelque distance sont les célèbres **pyramides**.

Villes principales : **Alexandrie**, le principal port ; Port-Saïd et Suez, aux extrémités du canal de Suez ; *Khartoum*, sur le Nil, l'ancienne capitale du Soudan, tombée en 1885 entre les mains des rebelles après un long siège ; *Massaoud*, port de la mer Rouge, occupé par les Italiens.

Le territoire nominalement soumis à l'Égypte comprend la côte de la mer Rouge et son prolongement jusqu'au cap Guardafui ; mais l'importance du passage de Bab-el-Mandeb a amené plusieurs puissances maritimes à s'assurer, dans le voisinage, des ports de ravitaillement.

L'Angleterre possède **Aden**, sur la côte d'Arabie, l'île de Perim, Zeila et Berbera, en face, sur la côte d'Afrique.

La France a occupé le territoire d'**Obock**.

L'Italie a occupé la baie d'**Assab**.

L'**Abyssinie** ou **Éthiopie** (environ 3 millions d'hab.) forme plusieurs États indépendants sur un plateau près de la haute Nubie. Une partie de la population est *chrétienne*. Villes principales : **Gondar** et Ankober.

11. La plus grande partie des côtes de l'Afrique appartient de fait ou nominalement à diverses puissances européennes qui y ont établi des colonies ou des comptoirs.

Côtes orientales. — Sur les côtes orientales, l'**État de Zanzibar** est indépendant. Il comprend l'île de Zanzibar et une grande partie des côtes voisines. Population noire, musulmane.

Les Allemands ont pris possession du territoire d'**Ousagara**, limitrophe du Zanzibar.

Les côtes du canal de **Mozambique** appartiennent au Portugal.

12. En face, est l'île de **Madagascar**, chef-lieu Tananarive ; port principal Tamatave, soumise en partie aux Hovas. La France occupe la baie de Diego-Suarez et a imposé, en 1886, son protectorat sur toute l'île.

Elle possède aussi les îles Comores, dont la principale est **Mayotte**, les îles **Nosy-Bé** et **Sainte-Marie**, situées près des côtes de Madagascar, et l'île de la **Réunion**, une des Mascareignes.

13. **Côtes méridionales.** — Le sud de l'Afrique australe est occupé par des colonies anglaises. Les principales sont : la **colonie du Cap**, chef-lieu Cape-Town et **Natal**.

Deux États indépendants : la **République du fleuve Orange** et la **République du Sud-Africain** ou **du Transvaal**, voisins des possessions anglaises, ont été fondés par des colons d'origine hollandaise, ou *Boers*, qui ont émigré de la colonie du Cap, lorsque les Anglais s'en sont emparés.

14. **Côtes occidentales.** — Sur les côtes occidentales de l'Afrique, la **France** exerce des droits de souveraineté ou de protectorat depuis la baie d'Arguin jusqu'à l'embouchure de la Mellacorée, à l'exception de la Gambie, qui est aux Anglais et d'un territoire portugais. Elle a des comptoirs ou des postes militaires sur les rivières situées au sud du Sénégal, et sur les côtes de Guinée. (Voir aux colonies françaises.)

L'Angleterre possède la rivière de la **Gambie**, avec la ville de Bathurst ; la colonie de **Sierra-Leone**, chef-lieu Free-town ; et, sur les côtes de Guinée, des territoires aux environs de Cap-Coast, de Lagos, des bouches du Niger.

La République indépendante de **Liberia**, chef-lieu Monrovia, a été fondée par des missionnaires américains avec des nègres libérés de l'esclavage, de même que la colonie anglaise de Sierra-Leone dont elle est voisine.

Les Portugais possèdent l'**Archipel des Bissagos** et les rivières voisines : Cacheo, Geba, rio Grande.

Sur les côtes de Guinée, les Allemands ont plusieurs comptoirs ; le centre principal est **Bageïda**. Ils ont pris possession du territoire de **Cameroun** au fond du golfe de Guinée.

Plus au sud, la France possède un vaste territoire qui comprend le **Gabon**, le bassin de l'**Ogoôué** et une grande étendue de côtes. (Voir aux colonies françaises.)

15. Un grand État neutre, dit **État libre du Congo**, a été créé, sous la souveraineté du roi des Belges, par une convention internationale conclue à Berlin en 1885. Il comprend la majeure partie du bassin du Congo, mais il n'y a encore qu'un petit nombre de stations européennes fondées sur les rives du fleuve. Le chef-lieu est **Léopoldville**.

Les côtes entre l'embouchure du Congo et celle du fleuve Orange, limite des possessions anglaises du Cap, sont partagées entre les Portugais qui ont les colonies d'**Angola** et de **Ben-guela** et les Allemands qui ont pris possession de la côte des **Namaqua** (avec la baie d'Angra Pequeña), à l'exception de **Walfish-bay** qui est aux Anglais.

16. **Le centre de l'Afrique** est habité par des populations nègres appartenant à des types très variés ; elles sont, pour la plupart, fétichistes ; mais l'islamisme fait de grands progrès parmi elles et les rend hostiles à l'influence européenne.

La population du Soudan paraît être dense ; elle est décimée par les atroces chasses à l'homme que font les marchands d'esclaves.

Le Soudan est partagé en territoires soumis à un certain nombre de chefs ou rois. Les plus considérables sont : en allant de l'est à l'ouest, ceux du Kordofan, du Senaar, du Darfour, du Ouadaï, du Bornou, de Sokoto, etc.

17. Le climat de l'Afrique est généralement très chaud. Entre 23° et 30° de latitude

Nègre

au nord et au sud de l'Équateur, il est très sec. Au contraire, dans la zone tropicale, les pluies sont très abondantes.

Les animaux caractéristiques sont le **chameau**, serviteur indispensable des nomades du Sahara, l'autruche, l'**éléphant** dans les parties chaudes et arrosées, l'hippopotame dans les fleuves, le rhinocéros, le crocodile, le lion, l'hyène, la girafe.

18. Le commerce se borne à l'exportation de l'ivoire, des plumes d'autruche, du café, de la gomme, de l'huile de palme, des arachides, et d'un peu d'or.

On élève des bestiaux dans la colonie du Cap et dans les républiques d'Orange et du Transvaal. On trouve des diamants dans quelques endroits.

Animaux et plantes de l'Afrique.

QUESTIONNAIRE.

Quelles sont les mers qui baignent les côtes d'Afrique ? Parlez du canal de Suez. Quelles sont les îles des mers africaines ?

Quels sont les grands lacs de l'intérieur ? Où le Nil prend-il sa source ? — le Congo ? — le Sénégal ? — le Niger ?

Citez les noms des principaux explorateurs de l'Afrique.

Qu'est-ce que le Sahara ?

Quelles sont les montagnes principales ?

Quelles sont les colonies françaises d'Afrique ? Qu'appelle-t-on États barbaresques ? Quelles sont les villes principales de l'Égypte ?

Quelles sont les possessions de l'Angleterre ? — de l'Allemagne ? — du Portugal ?

Qu'est-ce que l'État libre du Congo ? Qu'est-ce qui habite le Transvaal et la République du fleuve Orange ? Quels sont les animaux caractéristiques de l'Afrique ?

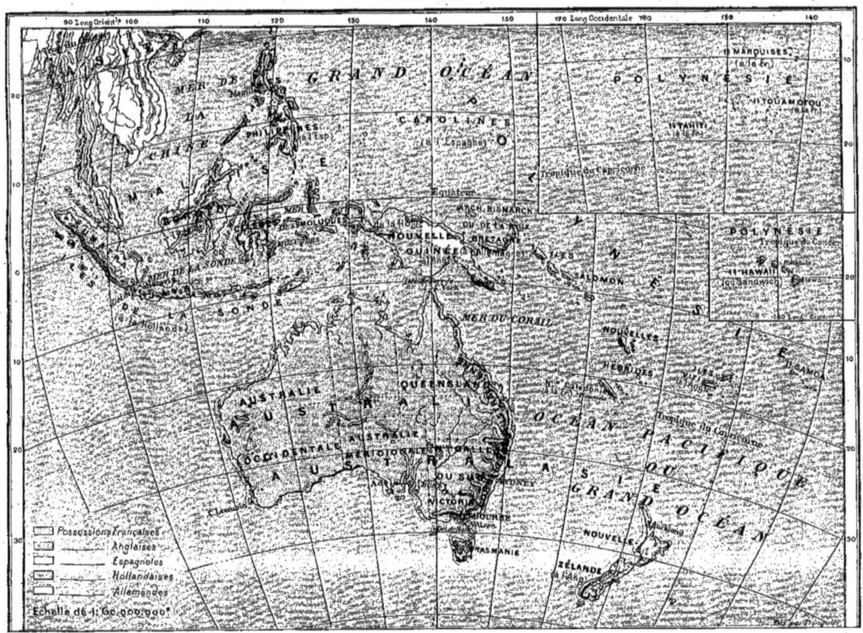

OCÉANIE

1. Sous ce nom sont comprises toutes les îles du Grand océan. Elles se divisent en Malaisie, Australasie, Polynésie.

Les unes sont grandes et importantes. On les désigne sous le nom de *Malaisie* et d'*Australasie*.

Les autres sont de petites îles disséminées ou groupées en archipels, d'où le nom de *Polynésie* (c'est-à-dire les nombreuses îles).

Ce sont, pour la plupart, soit des îlots volcaniques, soit des îlots formés par des madrépores, qui vivent dans les mers tropicales et qui constituent des récifs à fleur d'eau. Des graines y sont poussées par les flots ou apportées par les vents, et, la végétation se développant peu à peu, ces récifs se transforment en îles.

2. La **Malaisie**, habitée par les Malais, comprend : les îles **Philippines**, à l'Espagne, chef-lieu *Manille*.

Bornéo, les **Célèbes**, les **Moluques**, les îles de la **Sonde**, dont les principales sont **Sumatra** et **Java**, admirable par sa fertilité, appartenant en majeure partie aux Pays-Bas.

Batavia, dans l'île de Java, est le chef-lieu de tous les établissements hollandais.

3. L'**Australasie** comprend l'Australie et les îles voisines.

L'**Australie**, grande comme la moitié de l'Europe, est séparée de la Nouvelle-Guinée par le détroit de Torrès ; au sud, elle est séparée de la **Tasmanie** par le détroit de Bass ; à l'est, s'étend la longue chaîne de la Cordillère australienne, dont les plus hauts sommets ne dépassent guère 2,000 mètres. Il y a peu de pluie et les cours d'eau sont rares ; le *Murray* est le principal.

L'Australie appartient à l'Angleterre.

Elle comprend cinq colonies ; les villes principales sont : *Sydney* (200,000 hab.), **Melbourne** (300,000 hab.).

La population des colonies britanniques de l'Australasie, issue de colons européens, est d'environ 43 millions d'âmes. La région du sud-est est, jusqu'à présent, la seule colonisée. Le climat est sain pour les Européens.

A l'Australie se rattachent les colonies de la **Tasmanie** et de la **Nouvelle-Zélande**.

4. Les principales îles de l'Australasie sont : la **Nouvelle-Guinée**, qui est inexplorée en majeure partie et qui est partagée entre les Anglais, les Allemands et les Hollandais.

L'archipel **Bismarck** (Nouv.-Bretagne, etc.), dont les Allemands ont pris possession en 1885 ; les îles *Salomon* ; les **Nouvelles-Hébrides**, dont la France a occupé deux ports en juin 1886.

La **Nouvelle-Calédonie**, à la France, chef-lieu *Nouméa*.

5. La **Polynésie** comprend toutes les îles du Grand océan à l'est de l'Australie et de la Malaisie. Les principales sont :

Les îles **Viti** à l'Angleterre ; les **Carolines**, qui appartiennent à l'Espagne ; les îles **Hawaï** ou Sandwich, qui forment un royaume indigène, capitale Honolulu ; **Tahiti**, les îles **Marquises** et **Touamotou**, qui appartiennent à la France.

Les îles **Samoa** où les Allemands ont des établissements.

Ces îles ont une grande importance comme points de relâche sur les routes de navigation entre les ports de l'Amérique d'une part et ceux de l'Asie et de l'Australie de l'autre.

QUESTIONNAIRE.

Quelles sont les divisions de l'Océanie ? Quelles sont les principales îles de la Malaisie ? A qui appartiennent-elles ? A qui appartient l'Australie ? Quelle est son étendue ? — sa population ? — ses villes principales ? — Quelles sont les autres grandes îles de l'Australie ? — les principales îles de la Polynésie ?

Quelles sont les îles françaises ? Quelle est leur importance ?

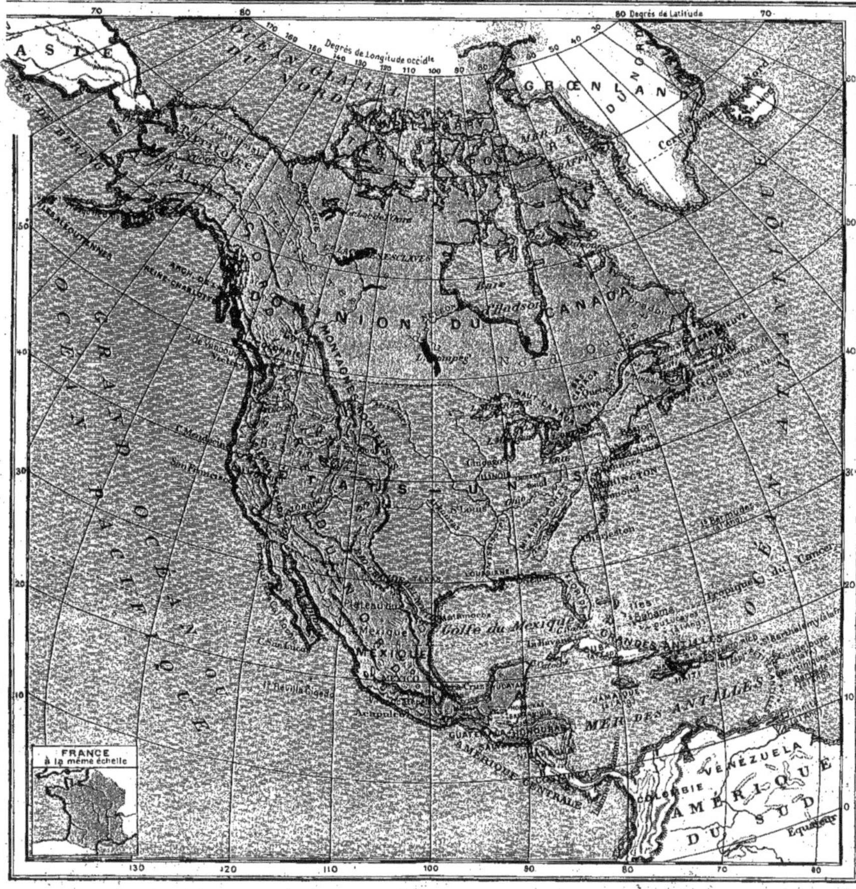

AMÉRIQUE.

1. Le continent américain se divise en Amérique du nord, qui comprend l'Amérique centrale, et en Amérique du sud.

AMÉRIQUE DU NORD ET AMÉRIQUE CENTRALE

L'**Amérique du nord** s'étend, depuis l'océan Glacial au nord, jusqu'à l'isthme de Tehuantepec au sud. Elle se partage entre le **Dominion du Canada**, qui appartient à l'Angleterre, les **États-Unis**, et la république du **Mexique**.

2. Les côtes orientales sont baignées par l'océan Atlantique qui communique avec l'océan Glacial par le détroit de Davis et la mer de Baffin, et avec la mer d'**Hudson**, par le détroit d'Hudson. Elles sont profondément découpées par de larges estuaires.

Le principal est le golfe du **Saint-Laurent**, qui conduit à Québec.

New-York est sur l'estuaire de l'Hudson, Philadelphie sur celui de la Delaware, Baltimore sur la baie de Chesapeake, Washington sur le Potomac.

Plus au sud, les côtes sont basses, bordées de cordons littoraux. Elles projettent, à l'est, le cap Hatteras. Charleston est le port principal. En face, dans l'est, sont les îles Bermudes.

Le **golfe du Mexique** est fermé par l'île de Cuba, les presqu'îles de la Floride et du Yucatan.

Les côtes occidentales sont baignées par la mer de Béring et le Grand océan que séparent la presqu'île d'Alaska et les îles Aléoutiennes. Elles sont bordées au nord par des îles nombreuses. Les plus importantes sont l'Archipel de la

Reine Charlotte et l'île de **Vancouver**.

Le point le plus occidental est le cap Mendocino; plus au sud, s'allonge la presqu'île de Californie.

Les côtes septentrionales bordent des mers glacées et désertes, parsemées d'îles couvertes également de neige et de glace. Ce sont les **terres polaires**, que quelques hardis navigateurs ont explorées, entre autres Parry, qui leur a donné son nom.

Au nord-est, la vaste terre du **Groenland** n'est habitée que par quelques rares tribus d'Esquimaux et par quelques colons danois.

3. Le continent américain est traversé par une longue chaîne de montagnes, bien appelée la **Cordillère** et qui s'étend du détroit de Béring au nord jusqu'au cap Horn au sud.

Ces montagnes étant très rapprochées de la côte du Pacifique, leur versant occidental est beaucoup moins étendu que leur versant oriental et les fleuves de l'ouest ont peu d'importance.

Dans l'Amérique du nord, la Cordillère se dédouble en formant la grande chaîne des **montagnes Rocheuses**, et la chaîne côtière de la **Sierra-Nevada**.

Entre ces deux chaînes s'étale un vaste plateau et se creuse un immense bassin, en certains points inférieur au niveau de l'océan. Là se trouve le **Grand lac salé**.

Parmi les points les plus élevés de ces montagnes, sont : le mont Hooker (5,104 m.), le mont Rainier (4,072 m.),

Les principaux cours d'eau du versant du Pacifique sont : le **Yukon**, qui se jette dans la mer de Béring; l'**Orégon**; le **rio Colorado**, qui se jette dans le golfe de Californie.

4. Le versant de l'Atlantique est bordé par les **Appalaches**, ensemble de chaînes parallèles, séparées par des vallées fertiles. La partie nord s'appelle les **Alleghany**.

Entre les monts Appalaches et les montagnes Rocheuses, de la mer d'Hudson au golfe du Mexique, s'étale une des plus grandes plaines du monde. Au nord sont de grands lacs, au sud se développe le bassin du Mississipi.

5. Au nord, le fleuve **Mackensie** réunit les eaux des lacs de l'**Ours**, des **Esclaves**, et de plusieurs autres, et les conduit dans l'océan Glacial.

Le **Nelson**, déversoir du lac *Winnipeg*, tombe dans la baie d'Hudson.

Les **cinq grands lacs du Canada** : lac Supérieur, lac Michigan, lac Huron, lac Érié, lac Ontario, se déversent l'un dans l'autre et s'écoulent par le Saint-Laurent.

Entre le lac Érié et le lac Ontario se trouve la célèbre **chute du Niagara**, nappe énorme d'eau, qui tombe d'une hauteur de 50 mètres avec un fracas terrible.

6. Le **Mississipi** verse dans le golfe du Mexique la majeure partie des eaux de l'Amérique du nord. Il forme un vaste delta au nord duquel est le port de la Nouvelle-Orléans.

Ses grands affluents de droite, le **Missouri**, l'**Arkansas**, traversent les vastes prairies du *Far West*, c'est-à-dire de l'extrême-ouest.

Ses affluents de gauche, l'**Ohio** et le *Tennessee*, traversent la région la plus fertile de l'Amérique du nord.

Dans le golfe du Mexique tombe aussi le **rio Grande del Norte** (la grande rivière du nord du Mexique).

Au sud du rio Grande s'étalent les plateaux du Mexique soutenus par des chaînes volcaniques dont le sommet principal est le **Popocatepelt** (5,410 mètres).

7. L'**Amérique centrale** comprend l'isthme de jonction entre l'Amérique du nord et l'Amérique du sud.

Elle est divisée en cinq petits États : Guatemala, Honduras, San Salvador, Nicaragua, Costa-Rica, et la colonie anglaise du Honduras.

La partie la plus étroite, l'isthme de **Panama**, à travers laquelle on a construit un chemin de fer et où l'on a entrepris le creusement d'un canal, fait partie des États-Unis de Colombie, un des États de l'Amérique du sud.

8. La **mer des Antilles**, qui baigne les côtes de l'Amérique centrale, est fermée par une chaîne d'îles que l'on distingue en grandes Antilles et petites Antilles.

Grandes Antilles : **Cuba**, à l'Espagne, chef-lieu, La Havane.

La **Jamaïque**, à l'Angleterre, chef-lieu, Kingston.

Haïti ou Saint-Domingue, divisée en deux républiques indépendantes : à l'ouest, **Haïti**, capitale Port-au-Prince, ancienne colonie française, habitée par des noirs qui se sont révoltés et ont fait reconnaître leur indépendance; langue française et religion catholique; à l'est, la **République Dominicaine**, ancienne colonie espagnole.

Puerto-Rico à l'Espagne.

9. **Petites Antilles** : nombreuses petites îles qui sont toutes des colonies européennes.

Les plus importantes sont : la **Guadeloupe** et la **Martinique** à la France.

La **Barbade**, la Dominique, la Grenade, la **Trinité** à l'Angleterre; Saint-Thomas au Danemark.

Au nord de Cuba est l'archipel des *Bahama* ou *Lucayes*, îles peu fertiles appartenant aux Anglais.

Les cultures principales des Antilles sont le café, le tabac, la vanille, le coton et la canne à sucre, dont on extrait le sucre et le rhum.

10. Les **colonies anglaises** de l'Amérique du nord sont réunies en une confédération ayant un parlement particulier, sous l'autorité de la métropole, et forment le **Dominion of Canada** (la Puissance de Canada). La capitale fédérale est **Ottawa**. Elles comprennent sept provinces :

Le **Bas Canada**, capitale Québec, ville principale Montréal, ancienne colonie française, perdue sous Louis XV, en 1763. Sa population parle toujours français et observe la religion catholique.

Le **Haut Canada**, capitale Ontario, colonisé par des Anglais.

Le **Nouveau-Brunswick** et la **Nouvelle-Écosse**, avec le port important d'**Halifax**; l'île du **Prince-Edouard** et le **Manitoba**, à l'est des grands lacs.

La **Colombie britannique**, sur la côte occidentale.

Les **territoires du nord-ouest** ou de la baie d'Hudson et le **Labrador**, désert et glacé, dépendent du Dominion.

L'île de **Terre-Neuve**, près de laquelle est le grand banc de Terre-Neuve où se fait la pêche de la morue, ne dépend pas du Dominion.

Les petites îles de **Saint-Pierre et Miquelon** sont le centre des pêcheries françaises.

11. Les **États-Unis** (55 millions d'hab.) sont une république fédérative, composée de 38 États se gouvernant eux-mêmes; la capitale fédérale est **Washington**.

Les plus importants sont les *États du nord-est* ou de la *Nouvelle-Angleterre*, formés par les anciennes colonies anglaises qui se sont rendues indépendantes et ont été le premier noyau des États-Unis : Maine, New-Hampshire, Vermont, Massachusets, Rhode-Island, Connecticut, New-York, Pennsylvanie, New-Jersey.

Les autres États principaux sont : au *sud-est* : Delaware, Maryland, les deux Virginies, les deux Carolines, la Georgie.

Au *centre* : l'Ohio, le Michigan, l'Indiana, l'Illinois, le Kentucky, le Tennessee.

Au *sud* : la Louisiane, qui a appartenu à la France ainsi que presque toute la vallée du Mississipi, le Texas.

A l'*ouest* : la Californie.

Le territoire d'Alaska, au nord-ouest de l'Amérique, appartient aux États-Unis.

12. **Washington** (157,000 hab.), sur le Potomac, ainsi nommée du nom du général auquel les États-Unis doivent leur indépendance, est le siège du gouvernement fédéral.

Les villes principales sont : **New-York**, le plus grand port et la ville la plus active et la plus peuplée de toute l'Amérique (1.200.000 hab.); **Philadelphie** (850.000 hab.), *Boston* (360.000 hab.), *Baltimore* (330.000 hab.), Richemont, Charleston.

Chicago, sur le lac Michigan (500.000 h.), commerce de blé et de viandes salées; Buf-

par E. Levasseur

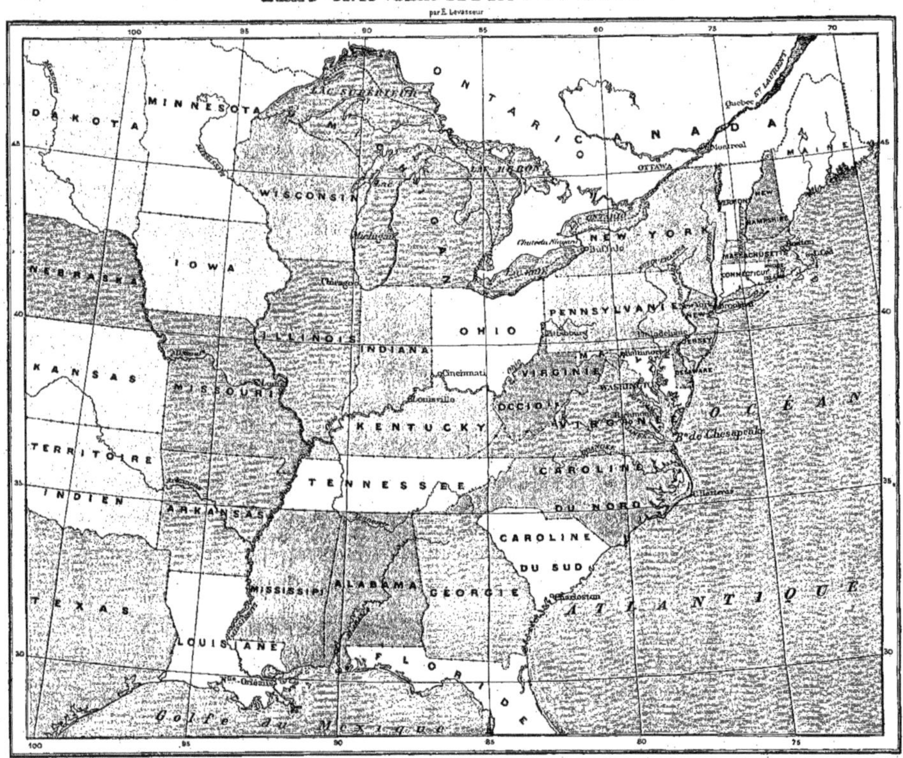

falo, sur le lac Érié ; Pittsbourg, Cincinnati, Louisville, sur l'Ohio ; Saint-Louis (350,000 hab.) et la **Nouvelle-Orléans** (220,000 hab.), fondées par des Français ; **San Francisco** (250.000 hab.), sur le Pacifique.

13. Les États-Unis récoltent, en très grande abondance, le maïs, le froment, le tabac, dans le centre ; le coton et le riz, dans le sud. On y élève en grand nombre les chevaux, les bœufs et les porcs.

La houille et le fer abondent dans les monts Alleghany ; le cuivre, sur les bords du lac Supérieur ; l'argent, sur le plateau de la Cordillère ; l'or, en Californie.

D'importantes sources de pétrole ont été récemment découvertes ou exploitées.

14. La population a eu pour noyau principal des colons de race anglaise ; mais elle s'est augmentée par des immigrations considérables de tous les peuples de l'Europe, surtout d'Allemands et d'Irlandais, et forme aujourd'hui un peuple qui a une grande individualité : les *Américains*. Elle se distingue par son activité et son grand esprit d'entreprise.

La religion dominante est la religion protestante.

Dans l'ouest, particulièrement en Californie, ont émigré de nombreux Chinois.

Dans les plaines du centre et dans les montagnes Rocheuses, vivent les restes des tribus indiennes, de race rouge, qui reculent et diminuent sans cesse devant les progrès de la civilisation américaine.

Enfin, dans les États du sud, on trouve de nombreux nègres, descendants des anciens esclaves.

Le nord des États-Unis est manufacturier ; mais il produit aussi de grandes quantités de blé qu'on exporte. Le sud est surtout agricole. Là se trouvent les grandes cultures du café, de coton, de canne à sucre.

15. Sur les grands fleuves, il y a une navigation à vapeur très active ; les États-Unis sont sillonnés de nombreux chemins de fer. Plusieurs lignes mettent aujourd'hui en relation les ports de l'est et de l'ouest.

Le trajet de New-York à San Francisco se fait en sept jours et demi.

16. Le **Mexique** (10 millions d'hab.) forme, comme les États-Unis, une république fédérative, capitale **Mexico** (240,000 hab.).

Villes principales : **Puebla**, prise par les Français en 1863, après un long siège ; **Vera-Cruz** et Matamoros, ports sur le golfe du Mexique, Acapulco sur le Pacifique.

La population se divise en créoles de race espagnole, c'est-à-dire descendants de colons européens, et en indiens, pour la plupart convertis au christianisme et mêlés aux créoles et aux métis.

Religion catholique, langue espagnole. Le climat est très chaud sur les côtes du golfe, mais tempéré sur les plateaux où peuvent se cultiver les céréales d'Europe.

AMÉRIQUE DU SUD

17. L'Amérique du sud a la forme d'un grand triangle dont les trois sommets sont : le cap Gallinas au nord, le cap San Roque à l'est, le cap Horn au sud.

Le versant du Grand océan est fort étroit et bordé par la Cordillère du sud ou chaîne des **Andes**.

Vers le centre, près de l'Équateur même, le **Chimborazo** atteint 6,530 mètres; la côte est creusée par le golfe d'Arica; là se trouvent les hauts plateaux du Pérou de 4,000 mètres d'altitude, avec le lac de Titicaca, les pics de Sorata (6,550 mètres), d'Illimani (6,440 mètres), qui sont les plus hautes cimes.

Le point culminant est le pic d'**Aconcagua** (6,830 mètres) dans le Chili.

18. Vers l'ouest, aucun cours d'eau important ne descend de la Cordillère. Au contraire, les versants de l'Atlantique sont arrosés par de très grands fleuves.

Le versant du nord-est est partagé entre les bassins du rio Magdalena, de l'Orénoque et de l'Amazone.

Celui du sud-est, entre les bassins du rio San Francisco, du rio de la Plata et des rivières de la Patagonie.

La côte nord-est s'étend de l'isthme de Panama jusqu'au cap San Roque. Elle est baignée par la mer des Antilles et par l'océan Atlantique. Elle est creusée par le golfe de Darien, le golfe de Maracaïbo, l'estuaire de l'Amazone.

La côte sud-est, du cap San Roque au cap Horn, est baignée par l'océan Atlantique.

Le cap **Horn** est à l'extrémité des îles de la *Terre de feu*, qui sont séparées du continent par le détroit de **Magellan**.

Cette côte est creusée par le golfe de Bahia, la baie de Rio de Janeiro et l'estuaire de la Plata.

Dans l'est se trouve le groupe des îles Malouines ou **Falkland**.

La côte occidentale, depuis l'isthme de Panama jusqu'au cap Horn, est baignée par le Grand océan.

Près de l'Équateur, se trouvent, dans l'est, les îles Galapagos. Au sud, la côte est bordée d'îles : îles Chiloé, îles Wellington.

Le cap le plus occidental est le cap Parina.

19. A l'est des Andes s'étendent les immenses plaines de l'Orénoque, de l'Amazone et la plaine des Pampas.

Le massif de la Guyane est une région montagneuse, peu explorée encore, entre l'Orénoque et l'Amazone.

Le grand massif du Brésil se compose de plateaux et de chaînes moins élevés que les Andes; la principale chaîne est la **Serra do Mar** avec le pic **Itatiaia**.

20. L'**Amazone** est le plus puissant fleuve du monde par l'abondance de ses eaux. Il prend sa source sur le plateau du Pérou; sa largeur dépasse parfois 25 kilomètres. La longueur de son cours est d'environ

6,300 kilomètres. Il reçoit beaucoup de rivières aussi grandes que les plus grands fleuves de l'Europe : le rio Negro, le Madeira, le Tocantins.

Le rio Negro communique avec l'Orénoque par un canal naturel, la Cassiquiare.

Toute l'immense plaine de l'Amazone est couverte de forêts vierges et n'est habitée que par des populations peu nombreuses vivant à l'état sauvage.

Le **rio de la Plata**, le deuxième fleuve de l'Amérique du sud, n'est, à proprement parler, qu'un large estuaire, formé par la réunion de l'**Uruguay** et du **Parana**, grossi du **Paraguay** et du **Pilcomayo**. Les vaisseaux de guerre peuvent remonter le Paraguay jusqu'à Asuncion.

Ces rivières traversent de grandes plaines ou *pampas*, couvertes de hautes herbes.

21. Le plus important des États de l'Amérique du sud est l'**empire du Brésil** (13 millions d'habitants), d'une étendue égale à celle de l'Europe. C'est une ancienne colonie portugaise. La famille régnante du Brésil descend des rois de Portugal.

La population est formée de créoles de race portugaise, d'Indiens, de nègres et de métis. Il y a encore beaucoup de nègres esclaves, qu'on émancipe peu à peu.

La capitale, **Rio de Janeiro** (350,000 hab.), est située à l'entrée d'une baie superbe. Villes principales : Pernambuco et Bahia.

Le café, le sucre, le coton, le caoutchouc, les bois d'ébénisterie sont les principales productions. On exploite des mines de diamants.

22. Sur le versant nord sont les **Guyanes**, partagées en : **Guyane britannique, Guyane néerlandaise, Guyane française.**

Ces colonies ont un climat excessivement chaud et sont peu prospères depuis la suppression de l'esclavage.

23. Les autres États de l'Amérique du sud sont d'**anciennes colonies espagnoles**, qui se sont rendues indépendantes :

République de Vénézuéla (environ 2 millions d'hab.), capitale Caracas, avec le port de la Guayra.

États-Unis de Colombie (environ 3 millions d'hab.), capitale Bogota. Ils comprennent *l'État de l'Isthme*, dont la capitale est **Panama.**

République de l'Équateur (environ 1 million d'hab.), capitale **Quito**, sous l'Équateur même, à 2,720 mètres d'altitude, port Guayaquil.

République du Pérou (environ 3 millions d'hab.), capitale Lima.

République du Chili (environ 3 millions d'hab.), capitale Santiago, port Valparaiso.

République de Bolivie (environ 2 millions 1/2 d'hab.), capitale La Paz ; ville principale, Sucre (ou Chuquisaqua).

A la suite d'une guerre sanglante avec le Pérou (1879-1883), le Chili a acquis une grande prépondérance.

Le café, l'argent, le salpêtre, la laine des moutons et des lamas sont les principales productions de ces États. L'exploitation du *guano*, excréments d'oiseaux de mer déposés en masses énormes dans les îles de la côte du Pérou et du Chili, et exporté comme engrais, a été une source considérable de richesse.

24. Le bassin de la Plata se partage entre :

La **République Argentine**, capitale Buenos-Ayres ;

La **République de l'Uruguay**, capitale Montevideo ;

La **République du Paraguay**, capitale Asuncion, sur le rio Paraguay.

25. Le continent américain, qui s'étend depuis les régions polaires du nord jusqu'au delà du 66e degré de latitude sud, et dont les

Région polaire.

altitudes varient, sous l'équateur, depuis le niveau de la mer jusqu'à des sommets de plus de 6,500 mètres, présente une grande variété de climats et de productions.

Dans les mers de l'océan Glacial, au milieu

Animaux de l'Amérique du nord

des champs de glace et des *icebergs* (montagnes de glaces), vivent les ours blancs et les phoques. On pêche la baleine dans les mers voisines.

On chasse les animaux à fourrure dans les régions au nord des grands lacs.

Dans les grandes plaines des États-Unis sont d'innombrables troupeaux de buffles.

Les pampas de l'Amérique du sud nour-

Animaux de l'Amérique du Sud.

rissent de grands troupeaux de chevaux et de bœufs. Le lama est originaire de ces régions.

Forêt vierge de la plaine de l'Amazone.

Dans les forêts vierges de la plaine de l'Amazone, croissent des bois précieux ou de construction, d'essences diverses.

QUESTIONNAIRE.

Quelles sont les divisions naturelles du continent américain ? — les mers qui baignent les côtes de l'**Amérique du nord**?

Comment s'appellent les montagnes de l'Amérique du nord? Quels sont les principaux sommets? — les fleuves principaux ? Nommez les grands lacs du nord de l'Amérique.

Quel est le sommet principal du Mexique ?

Quelles sont les divisions de l'**Amérique centrale**?

Quelles sont les îles des grandes Antilles? — les principales îles des petites Antilles ?

Quels sont les États qui se partagent l'Amérique du Nord? Citez les principales villes des États-Unis et dites leur situation. — les principales villes du Canada. — du Mexique. Qu'entend-on par Dominion du Canada ? Quelle est l'origine des habitants du bas Canada? A quelles races appartiennent les Américains du nord ?

Quelle est la configuration de l'**Amérique du sud**? Quels sont les caps principaux? Qu'est-ce que le détroit de Magellan ?

Quels sont les sommets principaux des Cordillères ? Décrivez le bassin de l'Amazone. — celui du Rio de la Plata.

Quels sont les États de l'Amérique du sud et leurs capitales ?

A quelles familles européennes appartiennent les créoles de l'Amérique du sud ?

Quels sont les animaux caractéristiques du continent américain ?

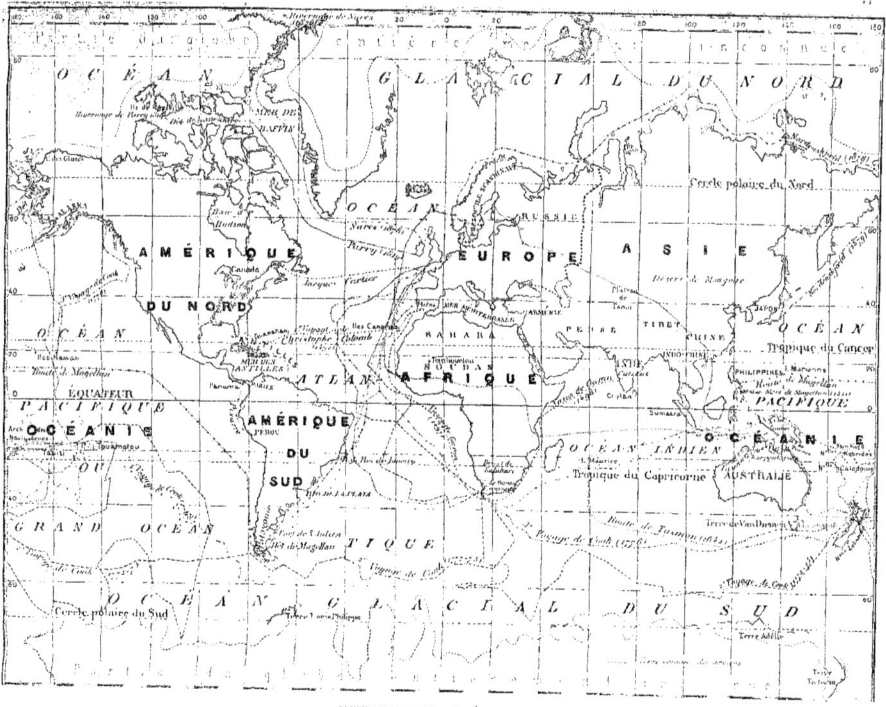

PRINCIPAUX VOYAGES DE DÉCOUVERTES.

Les connaissances géographiques des Grecs et des Romains se bornaient à peu près aux **régions voisines de la Méditerranée**, c'est-à-dire à l'Europe méridionale et centrale, à l'Afrique septentrionale, et à la partie occidentale de l'Asie *jusqu'à l'Indus*.

Pendant le moyen âge, les îles du nord de l'Europe ont été explorées par les *Scandinaves*; les *Arabes* on fait mieux connaître l'Asie occidentale et l'Afrique septentrionale; les *croisades* et le commerce ont contribué à répandre les connaissances des Arabes en Europe. — Le plus célèbre des voyageurs du moyen âge est un Vénitien, **Marco Polo**, qui, dans la seconde moitié du treizième siècle, visita l'Asie et séjourna dix-sept ans en Chine.

A la fin du quinzième siècle, **Christophe Colomb**, marin génois, conçut le projet de gagner la côte de l'extrême Orient, dont avait parlé Marco Polo, en naviguant en ligne droite à l'ouest de l'Europe; il pensait que, puisque la terre est ronde, il devait être plus facile d'atteindre ainsi cette contrée par mer que de la gagner en faisant route vers l'est, par terre. Il partit, en août 1492, avec trois petits bâtiments fournis par l'Espagne. A partir des Canaries, il navigua pendant 36 jours dans une mer inconnue, et il aborda le 12 octobre 1492, dans une des îles Bahama qu'il nomma San Salvador. Il venait de découvrir l'**Amérique**.

Dans trois autres voyages (1493-1504) il reconnut la plupart des îles et une partie de la côte de la mer des Antilles.

Mais ce fut un autre navigateur, *Américo Vespuce*, qui eut l'honneur de donner son nom au nouveau monde.

Vers la même époque, les Portugais cherchaient une autre route pour aborder aux Indes par l'est. En 1486, **Barthélemy Diaz** découvrit le cap méridional de l'Afrique, qui reçut le nom de *Cap de Bonne-Espérance*.

En 1497, **Vasco de Gama** doubla ce cap, et atteignit la côte de l'**Inde** l'année suivante. — Les Portugais firent connaître les côtes de la Chine, du Japon et la Malaisie.

L'Espagnol *Nuñez de Balboa* traversa les forêts de l'isthme de Panama et découvrit, en 1513, le *Grand océan*.

Quelques années après, un navigateur portugais au service de l'Espagne, **Magellan**, découvrit le *détroit de Magellan*, puis il traversa le Grand océan ou océan Pacifique avant d'atteindre la région déjà connue de la Malaisie; il y mourut, mais un de ses navires put rentrer en Europe; ce fut le *premier voyage autour du monde*.

Le Grand océan fut exploré par plusieurs navigateurs au xviie et au xviiie siècle entre autres, par le Hollandais *Abel Tasman*, qui (1643) aperçut la Tasmanie, la Nouvelle-Zélande, la Nouvelle-Guinée, puis, par deux Français, *Bougainville* (1768), qui visita Tahiti, et *La Pérouse* (1787), qui explora une partie de la côte nord-ouest de l'Amérique et de la côte nord-est de l'Asie et périt près de l'île Vanikoro; par le capitaine anglais **Cook**, qui reconnut la côte orientale de l'*Australie*, la Nouvelle-Zélande, les abords du champ de glace de l'océan Glacial du sud, la Nouvelle-Calédonie, les îles Hawaii où il fut tué (1779).

La région du pôle sud, qui est inhabitable, a été explorée au xixe siècle par l'amiral français *Dumont d'Urville*, qui découvrit la terre Adélie (1840), par l'Anglais *James Ross*, qui pénétra plus au sud, et reconnut la terre Victoria (1841).

La région du pôle nord a été plus explorée parce que les glaces descendent moins vers l'équateur; plusieurs navigateurs ont essayé, de nos jours, d'atteindre le pôle nord sans y parvenir; d'autres ont cherché un passage pour aller de l'océan Atlantique dans le Grand océan.

Parmi les plus célèbres sont : *Hudson, Baffin*, au commencement du xviie siècle; *Béring* au xviiie siècle; *Parry* (1819); Franklin (1849), qui périt dans les glaces; *Nares* (1876) et enfin Nordenskjöld, qui, en 1878, effectua le premier voyage complet de circumnavigation des côtes septentrionales de l'Asie.

Les principaux explorateurs qui ont fait connaître l'intérieur de l'**Amérique** sont: le Français *Jacques Cartier* qui, au xvie siècle, a exploré le fleuve Saint-Laurent; au xviie siècle, le Français *de la Salle*, qui a descendu le Mississipi jusqu'à son embouchure; l'Espagnol *Pizarre*, qui a découvert et conquis le Pérou, et son lieutenant *Orellana*, qui, le premier, a descendu (1541) l'Amazone.

Parmi les plus célèbres des voyageurs qui ont fait connaître le centre de l'Afrique, il faut citer le Français *René Caillé*, qui (1828) visita Timbouctou et traversa le Sahara; l'Allemand *Barth*, qui (1855) visita et décrivit le Soudan; les Anglais *Speke* et *Grant*, qui (1861) firent connaître les origines du Nil; l'Écossais **Livingstone**, qui (1852-1873) a traversé toute l'Afrique australe, exploré le Zambèze, le lac Nyassa, le lac Tanganyika, le cours supérieur du Congo; l'Américain *Stanley*, qui (1878) a descendu le premier le Congo; le Français de *Brazza*, qui a reconnu le bassin de l'Ogôoué.

L'intérieur de l'**Australie**, qui est en grande partie un désert, a été exploré par *Burke* (1806), par *Mac-Donald-Stuart*, qui, le premier, a traversé de part en part ce continent (1866).

L'ancienne **Gaule** avait pour limites l'Océan, les Pyrénées, la Méditerranée, les Alpes et le Rhin. Elle était peuplée par des tribus de **Belges** au nord, de **Celtes** au centre, d'**Aquitains** au sud-ouest. *Marseille* avait été fondée par des Grecs.

Les **Romains** s'emparèrent de la vallée du Rhône, plus d'un siècle avant l'ère chrétienne. 50 ans avant J.-C., César conquit la Gaule entière. Les Romains y restèrent pendant quatre siècles et demi et lui donnèrent leur langue et leur civilisation.

Au commencement du Ve siècle, les Barbares envahirent la Gaule : les **Francs** au nord, les **Burgondes** ou Bourguignons à l'est, les **Wisigoths** au sud. Les Francs, sous les règnes de Clovis et de ses fils, sou-mirent tout le pays.

Charlemagne étendit son empire en Germanie, en Italie et en Espagne. Après la mort de son fils, cet empire fut démembré ; le *traité de Verdun* (843) donna pour limite au royaume de **France** l'Escaut, la Meuse, la Saône et les Cévennes.

1° La dynastie des **Capétiens**, à son avènement (987), ne possédait que l'**Ile-de-France** et l'**Orléanais**, avec *Paris* pour capitale. Les autres provinces appartenaient à de grands vassaux.—Philippe Ier acquit le *Vexin français* (1082) et le *vicomté de Bourges* (1100); Philippe-Auguste, le *Vermandois* (1185), la *Normandie*, la *Touraine*, etc., enlevées au roi d'Angleterre (1204); Louis VIII, l'*Aunis* et la *Saintonge* (1224), le *Bas-Languedoc* (1226-1229); saint Louis, le *Gévaudan*, le *Vivarais*, le *Velay* (1229); Philippe III, *Toulouse*, le *Rouergue*, le *Quercy* (1271); Philippe le Bel, la *Champagne*, *Blois* et *Chartres* (1284), *Lyon* (1312).

2° Les **Valois** eurent à soutenir la guerre de Cent ans (1237-1453) pendant laquelle les Anglais furent maîtres d'une partie de la France. Philippe VI acquit le *Dauphiné* (1349); Charles V, la plus grande partie du *Limousin* (1370); Charles VII, le *Poitou* (1142), la *Guyenne* après l'expulsion des Anglais (1453); Louis XI, *Alençon* et le *Perche* (1475), la *Bourgogne*, la *Picardie* (Ponthieu et Amiénois), le *Boulonnais* à la mort du duc de Bourgogne Charles-le-Téméraire (1477), l'*Anjou*, le *Barrois royal* (1480), le *Maine* (1481), la *Provence* (1481); Charles VIII, par le mariage avec la duchesse Anne, *Bretagne* (1491); Louis XII, le *Valois* et l'Orléa-nais (1498); François Ier, l'*Angoumois* (1515), le *Bourbonnais*, l'*Auvergne*, la *Marche*, le *Forez* et le *Beaujolais* (1527); Henri II, les trois évêchés de *Metz*, *Toul*, et *Verdun*, (1552), *Calais*, repris aux Anglais (1558).

3° Sous les **Bourbons**, Henri IV réunit à la couronne : le *Béarn*, le *Bigorre*, le *comté de Foix*, le *Périgord*, une partie du *Limousin* (1589), et acquit par traité la *Bresse*, le *Bugey* et *Gex* (1601); Louis XIII acquit une partie de l'*Auvergne* (1625), *Sedan* (1642), et, pendant la guerre de Trente ans, l'*Alsace* (1639), l'*Artois* et le *Roussillon* (1640). Louis XIV consacra les conquêtes de la guerre de Trente ans par les traités de Westphalie (1648) et des Pyrénées (1659); il acquit la *Flandre* par le traité d'Aix-la-Chapelle (1668); le *Cambrésis*, une partie de l'*Artois* et du *Hainaut*, et la *Franche-Comté* par le traité de Nimègue (1678); *Barcelonnette* par le traité d'Utrecht (1713), la principauté d'*Orange* (1673) et le *Charollais* (1684) par confiscation. Louis XV acquit la *Lorraine* et le *Barrois* (1766) à la mort de Stanislas Leczinski; la *Corse* (1768), achetée aux Génois.

4° Après la révolution de 1789, la France réunit à son territoire *Avignon* et le *Comtat Venaissin* (1791), jusque-là possédés par les Papes, *Montbéliard* (1793) et la république de *Mulhouse* (1798). Les guerres de la République lui donnèrent la Belgique (traité de Campo-Formio, 2797); celles du Consulat, le Palatinat et le pays jusqu'au Rhin (traité de Lunéville, 1801); celles de l'Empire étendirent la domination française au delà du Rhin et des Alpes. Tous ces agrandissements furent perdus en 1815.

5° En 1860, Napoléon III acquit de l'Italie, la *Savoie* et le *Comté de Nice*. Mais la guerre de 1870-71 fit perdre à la France, l'*Alsace*, excepté Belfort, et la *Lorraine septentrionale* avec Metz.

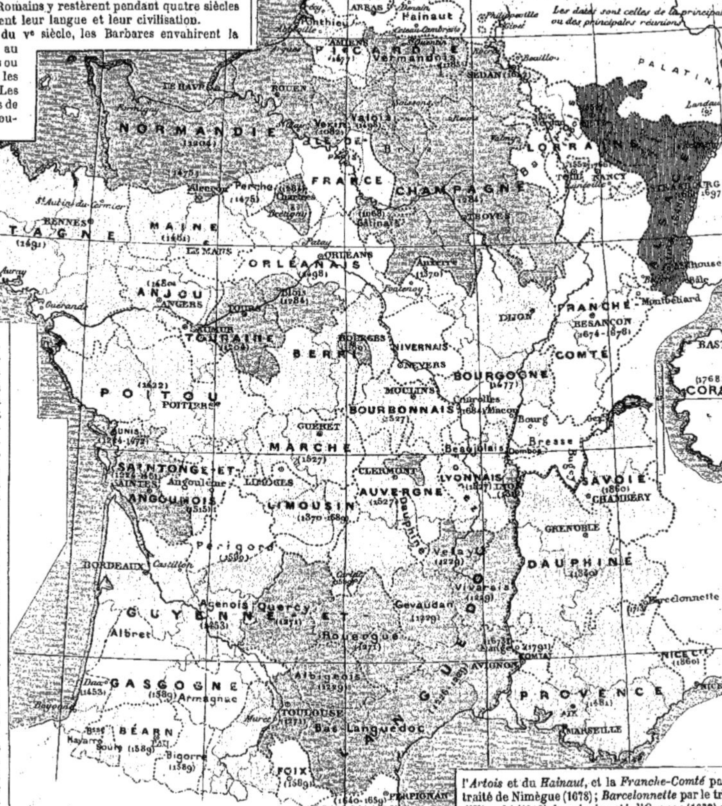

TABLE DES MATIÈRES

Cet atlas correspond plus particulièrement au **Cours moyen**.

Il contient également les notions préliminaires du Cours élémentaire et les complémeuts les plus importants du Cours supérieur.

En réunissant dans un seul volume les parties essentielles de l'enseignement complet, nous avons pensé qu'il y aurait avantage pour les élèves à avoir toujours en main le même livre.

Dès les premières années, ils se familiariseront avec lui et ils pourront, en le feuilletant, commencer à connaître les différents pays de la terre. Puis, lorsque viendront les dernières années d'étude, la récapitulation sera d'autant plus facile que l'élève n'aura pour ainsi dire rien de nouveau à *apprendre*, mais seulement certaines parties à mieux savoir. C'est donc autant un livre de lecture qu'un livre de classe que nous avons préparé pour eux.

Il appartiendra aux maîtres, pour faciliter le travail des commençants, de leur indiquer, dans chaque chapitre, les numéros des alinéas qu'il jugera utile de faire réciter ou seulement raconter; mais nous ne saurions trop insister sur ce principe qu'il faut, dans l'enseignement de la géographie, demander plus à l'intelligence de l'enfant qu'à sa mémoire; qu'il faut lui mettre sans cesse les cartes devant les yeux et l'interroger toujours devant une carte complète ou devant une carte muette; enfin qu'il est très avantageux de l'habituer, dès qu'il sait tenir un crayon, à copier une carte, puis à la dessiner plusieurs fois de mémoire, sur le tableau ou sur l'ardoise.

LES AUTEURS.

NOTE DE L'ÉDITEUR

Nous avons apporté tous nos soins à mettre la nouvelle édition de notre Atlas scolaire à la hauteur des progrès incessants de l'enseignement de la géographie dans les écoles primaires.

Le texte a été complètement remanié; les cartes ont été refaites.

Certaines parties de la géographie de la France et de ses colonies ont reçu plus de développement. Nous espérons que les maîtres apprécieront particulièrement l'intérêt qui s'attache à la description des *régions naturelles de la France et de ses frontières*.

Pour la rédaction de ces chapitres entièrement nouveaux, de même que pour la révision de l'ensemble, M. Levasseur a fait appel à la compétence spéciale de M. le lieutenant-colonel Niox, professeur à l'École supérieure de guerre.

1580

[illegible]

www.ingramcontent.com/pod-product-compliance
Ingram Content Group UK Ltd.
Pitfield, Milton Keynes, MK11 3LW, UK
UKHW021219230726
13926UKWH00003B/1111